AF453102

DES PRISONS

DE

PHILADELPHIE.

IMPRIMERIE DE MADAME HUZARD
(née Vallat la Chapelle).

DES PRISONS

DE PHILADELPHIE;

Par UN EUROPÉEN.

QUATRIÈME ÉDITION.

A PARIS,

Chez Madame HUZARD, libraire, rue de l'Éperon, n°. 7.

JANVIER 1819.

PRÉFACE.

Les diverses éditions de l'écrit qui a pour titre : *des Prisons de Philadelphie*, ne se trouvant plus dans le commerce, sa réimpression est d'autant plus désirée qu'il semble que le Gouvernement pense enfin à s'occuper sérieusement de l'amélioration des prisons en France. Ayant depuis bien long-temps quitté les Etats-Unis, et n'y ayant conservé aucune relation particulière, je ne puis, dans cette quatrième édition, ajouter aucun détail à ceux que contient ce petit ouvrage, écrit il y a environ vingt-quatre ans. J'ai appris seulement, et avec certitude, que l'établissement de prisons semblables à celles de Philadelphie avait eu lieu dans presque tous les Etats ; que les mêmes principes, dont l'observation avait fait le succès des prisons de Philadelphie, dirigeaient les autres pri-

sons, et obtenaient par-tout d'aussi heureux résultats ; que la proportion des détenus qui, après le temps de leur détention,
devenaient dans la société des citoyens paisibles et utiles , y était grande par-tout, et
qu'une expérience de vingt-quatre années,
dans les différentes parties de l'Union, avait
confirmé celle de cinq à six ans, que comp-
tait déjà la prison de Philadelphie quand
je l'ai fait connaître.

Voici sommairement ces principes :

1°. Que le temps de détention d'un condamné doit être pour lui un temps d'amélioration , un temps au moins pendant
lequel les moyens jugés propres à le faire
devenir meilleur doivent être employés ;

2°. Que ces moyens concourant tous au
même but, sont l'instruction religieuse et
morale , le travail , l'ordre constant et invariable dans tous les emplois du temps ;
la fermeté et la sévérité constante avec les
détenus, sévérité qui n'exclut que la fami-
liarité , la faiblesse et l'inconstance dans

les mesures adoptées, mais qui n'exclut pas la bonté; avant tout, une justice exacte, évidente envers les détenus, et par conséquent l'absence de tout arbitraire dans les punitions, dans les récompenses, dans les distinctions;

3°. Que la détention d'un condamné est pour lui un état de peine et de punition prononcé par la loi, dont il doit sentir toujours les effets; car si le détenu le plus régulier, le plus laborieux, celui dont la conduite satisfait davantage ses supérieurs, se trouvait, par les grandes douceurs qui seraient accordées à sa captivité, assez bien dans la prison pour ne pas désirer toujours et ardemment d'en sortir, la détention perdrait son effet;

4°. Que la nature des alimens du prisonnier doit être telle qu'en le nourrissant substantiellement, elle ne puisse pas allumer ses sens; que tout, au contraire, doit tendre toujours à les calmer; qu'ainsi les liqueurs spiritueuses doivent être absolument bannies de la maison, si ce n'est pour les malades auxquels elles peuvent être jugées nécessaires comme médicament ;

5°. Que l'espérance d'une abréviation de temps de détention doit toujours être présentée au détenu, comme la récompense certaine d'une conduite éprouvée, qui permettrait de le rendre à la société sans danger pour elle.

Les ordonnances pour l'amélioration des prisons en France sont nombreuses, et quelques-unes même datent d'époques déjà éloignées. On peut voir dans le rapport récemment fait au Roi, par le dernier Ministre de l'intérieur, dans quel déplorable état sont encore les prisons en France. On y lit même que la plupart des dispositions d'ordre, de bienfaisance et de justice, bien que prescrites par quelques-unes des ordonnances, ne sont pas observées, soit par le défaut de local, soit par l'empire des mauvaises habitudes et des intérêts particuliers, soit par la négligence des administrateurs. On regrette que ce rapport, qui retrace à chaque ligne l'affligeant état des prisons en France, le besoin et le désir de le rendre meilleur pour l'espace, la nourriture, pour la distribution des diverses classes de détenus dans différentes maisons, n'énonce pas l'idée de s'occuper efficacement de l'amélioration des individus. Serait-elle donc crue impossible ? Et pourquoi le serait-elle en France, cette amélioration si désirable, quand l'expérience la démontre possible dans les Etats-Unis, et quand, comme le disent les fondateurs de la prison de Philadelphie, des bêtes féroces peuvent s'apprivoiser ?

En 1814, M. l'abbé de Montesquiou, alors Ministre de l'intérieur, eut l'honorable pensée de transporter en France l'institution américaine des prisons. S. M. rendit une ordonnance portant création d'une prison d'essai qui devait contenir cent jeunes condamnés, et où le système des prisons de Philadelphie devait être

imité, pour devenir ensuite le régime général de toutes les prisons du royaume, si
les succès de l'essai répondaient aux espérances qu'il était permis d'en concevoir.
De grandes dépenses furent faites pour
l'arrangement convenable d'une prison, et
des citöyens recommandables de toutes les
classes s'offrirent en foule pour coopérer à
l'exécution de ce nouveau système dans
le régime des prisons, et pour y sacrifier
leurs soins et leur temps. Le premier mai
était le terme fixé pour commencer l'activité de cette maison.

Le funeste 20 mars arriva, et avec lui
dut disparaître toute idée d'amélioration.

Le Ministre que le Roi, après son heureuse rentrée, chargea du département de
l'intérieur, avait à penser à bien autre
chose qu'à l'amélioration du moral des détenus : c'était le temps des dénonciations.

Son successeur, M. Laîné, dont la vertu
ne peut être mise en un doute pour personne, effrayé des dépenses énormes qu'en-

traînerait l'amélioration désirable des prisons en France, a cru devoir remettre cette importante entreprise au temps où les finances de l'Etat seraient plus prospères. Il a fait achever quelques maisons centrales et départementales de détention, et son rapport au Roi constate suffisamment ses regrets de n'en avoir pas pu faire davantage.

Espérons que le temps approche où l'on verra disparaître toutes les difficultés qui jusqu'ici se sont opposées à l'accomplissement d'une amélioration réclamée par l'humanité et par l'intérêt de l'Etat.

Des personnes charitables ont, depuis deux ans, établi à Paris, sous la direction de M. l'abbé Arnoux, une maison où quelques jeunes condamnés sont accueillis après leur temps achevé de détention, et où ils reçoivent une sorte d'éducation dont le but est de les ramener aux principes de la religion et de la morale. Assurément aucune intention n'est plus louable. Je ne connais pas le régime de cette maison, et je ne doute pas qu'il ne réponde au respectable objet de son institution : ses fondateurs font assurément tout ce qu'ils peuvent faire ; mais ne serait-il pas de beaucoup préférable que les soins donnés à l'amélioration de ces jeunes gens, sortis de prison, fussent pris dans la prison même, et pendant le temps de leur détention ? Ils ne s'y seraient pas confirmés dans les vices qui alors eussent été plus faciles à détruire, et ils auraient été plus tôt rendus sans danger à la société.

L'établissement du travail dans quelques maisons est sans doute un grand bienfait ; il en bannit l'oisiveté, et si l'oisiveté a de pernicieuses conséquences pour tous ceux qui s'y livrent dans la société, ses conséquences sont bien plus funestes pour les détenus ; car *que faire en un gîte, à moins que l'on n'y songe?* a dit le bon La Fontaine ; et qu'est-ce que c'est que songer pour des détenus, si ce n'est penser, et penser toujours, aux crimes ou délits qu'ils ont été assez maladroits pour commettre, sans avoir su se dérober aux recherches de la justice? Qu'est-ce que la conversation de ces détenus oisifs, si ce n'est le récit de leurs mauvaises actions, récit d'autant plus avidemment écouté qu'il est raconté avec plus d'effronterie et accompagné des plus hardis projets et des plus funestes conseils; récit d'autant plus funeste, qu'il est ainsi pour ceux qui l'écoutent un germe nouveau et fécond de corruption? On l'a dit depuis long-temps : les prisons, telles qu'elles sont aujourd'hui en France, et presque par-tout en Europe, sont des écoles de vice; elles ne corrigent pas, elles pervertissent.

Le travail dans les prisons a donc, pour premier avantage, de distraire les détenus de leurs pensées habituelles, de rendre leurs conversations moins fréquentes, de leur persuader qu'ils peuvent se rendre utiles, de procurer quelque adoucissement à leur sort , et de leur donner pour l'avenir les moyens et l'habitude de l'occupation. Mais ce moyen , qui concourt efficacement à l'amélioration des détenus , isolé , est insuffisant ; et l'on voit encore dans le rapport fait au Roi , combien le travail trouve d'obstacles pour être établi dans les prisons ; combien il y a peu de maisons dans lesquelles il soit établi , et sur-tout dans lesquelles il le soit généralement.

Je ne répéterai pas ici quelle peut être la combinaison des moyens à employer pour travailler à l'amélioration des condamnés détenus. On trouvera dans ce petit écrit l'exposé pratique de ces moyens; tous tendent à changer les habitudes du prisonnier, à le faire devenir, si je puis m'exprimer ainsi, un homme nouveau.

Je me bornerai à dire que c'est seulement du concours de tous ces moyens que l'on peut espérer des succès dans l'honorable entreprise de l'amélioration des condamnés détenus ; ils n'agissent que par leur ensemble, ainsi que dans les maladies l'on voit la température de la chambre d'un malade, le renouvellement de l'air, le calme autour de lui, la propreté, etc., concourir puissamment, avec l'administration des remèdes, à sa guérison.

Une ordonnance de S. M., du 6 février 1818, *promet les effets de la clémence royale aux condamnés qui se seront fait remarquer par leur bonne conduite pendant la durée de leur peine.* Assurément rien n'est plus humain, rien n'est même plus politiquement juste que l'intention de cette ordonnance. Mais quels sont les moyens donnés aux prisonniers pour l'amélioration de leur caractère, pour l'oubli de leurs habitudes vicieuses, pour leur retour à des habitudes d'ordre et de sagesse ? Le travail même n'est pas établi dans la plupart des maisons de détention : et qu'en doit-il résulter des abréviations de peine, des libérations entières accordées sur des signes très-incertains, souvent par le seul sentiment de pitié, quelquefois par simple protection ? et si ces effets de la clémence royale ne sont pas dispensés avec une justice évidente pour les autres détenus, en opérant des faveurs partielles, ils peuvent opérer un mal général dans la prison. Je suis bien loin assurément de ne pas applaudir à l'intention de cette bienfaisante ordonnance ; mais je désirerais que son exécution pût porter sur des bases plus solides.

Quand on professe le système que j'énonce ici, on doit s'attendre à être taxé d'homme à illusion, d'ami ardent des innovations. J'avoue que toute chose nouvelle ne me paraîtrait pas devoir être rejetée par cela seul qu'elle serait nouvelle ; qu'il me semble que, dès qu'elle a un but utile, elle exige un sérieux examen ; mais ici, ce qui est innovation pour la France, est dans un autre pays vérité reconnue par une expérience d'au moins trente années. On

peut donc s'avouer, sans embarras, l'ami
zélé d'une telle innovation, et ne pas crain-
dre de passer pour s'attacher aux illusions.

Ceux qui croiront me traiter plus fa-
vorablement, m'accuseront d'une philan-
tropie universelle, dont l'intention produit
souvent des erreurs, et qui ne ressemble
pas mal à une rêverie. Je demande permission à ceux-là de décliner ce motif
d'excuse qu'ils voudraient bien donner à
ce qu'ils appelaient l'égarement de mon
esprit. Le mot de philantrope qui, dans sa
véritable acception, est assurément un titre
très-honorable, a été depuis long-temps
si ridiculement employé, si bannalement
appliqué, qu'il est, dans l'esprit de beaucoup de personnes, synonyme de celui de
visionnaire ou de sœur du pôt, comme
celui d'homme à idées libérales est pour
d'autres esprits synonyme de celui de ré-
volutionnaire ou de jacobin. Pour qui
énonce des principes, pour qui présente
un système à suivre, l'intention n'est pas

une excuse : il faut que la raison approuve le principe et le système, et la raison est là où l'expérience la fait reconnaître.

Je ne désavouerai pas le désir que j'aurais de voir tous les hommes aussi heureux qu'ils peuvent l'être dans leurs situations respectives ; je crois que ce vœu est commun à tous les cœurs qui ne sont pas endurcis, et à tous les esprits qui ont réfléchi que la prospérité d'un État n'est que le résultat des bien-êtres individuels ; mais le régime des prisons de Philadelphie, qui a certainement pour but, en travaillant à l'amélioration des condamnés, de leur préparer des jours plus heureux, par la destruction de leurs mauvais penchans et leur retour à une vie honnête, ne paraîtra pas aux détenus un adoucissement à leur sort actuel. Il est reconnu que les détenus se consolent des vexations, des mauvais traitemens, des escroqueries qu'ils éprouvent souvent de leurs gardiens, par la liberté qui leur est laissée de jouer, de converser entre eux, de ne rien faire, de se livrer à la boisson; il en est pour lesquels la vie de la prison n'est pas ainsi sans jouissance. Il y a plus; on verra dans ce petit écrit que quand la législation de l'état de Pensylvanie borna la peine de mort à la punition du meurtre prémédité, plusieurs prisonniers préférèrent courir la chance d'un jugement selon l'ancien code, beaucoup plus cruel que celui qui y était substitué, puisque la mort était la peine prononcée pour presque tous les crimes, plutôt que de se soumettre à cet ordre invariable, à ce silence exigé, à cette constante régularité, qui faisaient la base du nouveau régime des prisons.

Mais si c'est servir l'humanité que de préparer aux condamnés détenus une vie honnête et régulière pour le temps où la liberté leur sera rendue; de les préserver ainsi du danger si commun de la récidive, c'est servir l'intérêt de l'Etat que d'augmenter le nombre de détenus pour cri-

mes , qui , rentrant dans la société , y seront des citoyens paisibles et utiles. Tous
les efforts qui tendent à changer les habitudes dépravées de ces malheureux , à les
rendre meilleurs, sont donc des actes d'une
politique bien entendue , autant au moins
qu'ils sont des actes d'humanité.

Dans le rapport sur les prisons de France,
on lit que le nombre des condamnés détenus est d'environ 20,000 , sans compter
plus de 11,000 enchaînés dans les bagnes ;
que les prisons actuelles , les prisons pro-
jetées , ne peuvent conserver assez de
détenus; qu'il faut les multiplier plus encore. Je suis convaincu qu'un état dé-
taillé des causes des jugemens de ces détenus montrerait que le plus grand nombre
ont été condamnés pour une et plusieurs
récidives. Il est évident , au moins pour
moi, qu'un régime des prisons dont l'objet
constant serait l'amendement des détenus,
diminuerait dans une immense proportion
le nombre des récidives , comme il est

certain que l'instruction, et l'éducation, qui en est la conséquence dans les écoles primaires bien dirigées, diminuera le nombre des crimes. Nous avons sans doute vu de nos jours des crimes affreux dont les auteurs n'étaient pas sans éducation; mais la plupart des crimes sont commis par des individus abrutis par une complète ignorance. Il est reconnu que la société est moins troublée par des crimes dans les pays où, à proportion égale de population, le peuple reçoit de l'instruction.

Mais sans nous étendre davantage sur la cause première des crimes, revenons à l'état des prisons en France.

Le rapport au Roi nous les fait voir dans l'état le plus déplorable : presque par-tout les prisonniers de genres différens, confondus, quoique les ordonnances en aient depuis long-temps ordonné la séparation, que l'humanité, la justice, le simple bon sens réclament depuis bien plus long-temps encore; des ordonnances souvent sans

exécution, souvent violées, et à l'obser-
vance desquelles le Ministre rappelle les
administrateurs dès qu'il a connaissance
qu'ils s'en sont écartés ; des maisons où les
geôliers sont encore les fournisseurs des
prisonniers ; des marchés faits sans intelligence, sans prévoyance, et conclus pour
plusieurs années, à des époques où les prix
des subsistances sont les plus élevés ; par-
tout insuffisance de local, et par-tout, dans
ce rapport, la désolante idée reproduite à
chaque page de l'énormité des dépenses,
comme un obstacle insurmontable aux
grandes améliorations dont le besoin est
reconnu.

Sans doute le Ministre qui a présenté ce
rapport, a gémi plus d'une fois en l'écri-
vant ; sans doute, s'il fût resté plus long-
temps dans le Ministère, il eût fait des
efforts pour surmonter ces obstacles. Là
où le mal est reconnu évident, nuisible à
la société, nuisible à la justice, nuisible à
l'humanité, les moyens d'y porter remède

doivent être trouvés ; ils ne peuvent être impossibles.

Dans la présente réimpression *des Prisons de Philadelphie*, je laisse subsister les réflexions que j'avais ajoutées dans l'édition faite en Hollande, en 1798. Les pensées, les sentimens, les vœux qu'elles expriment sont pour moi aujourd'hui les mêmes. Seulement mes espérances sont plus grandes, parce que j'ai l'heureuse confiance que le Gouvernement veut faire tout le bien qu'il croira possible; il ne peut pas ne pas le vouloir; que l'amélioration des prisons dans toute son étendue, que la réforme du code pénal, qui met aujourd'hui les jurys entre la conscience de leur conviction et celle de la disproportion de la peine avec le délit ou le crime dont ils ont à prononcer l'évidence, fixeront fortement l'attention des Ministres, et parce qu'enfin je suis chaque jour plus convaincu que la France est le pays du monde où le bien peut se faire le plus facilement, quand la volonté en est entière dans ceux qui ont le pouvoir; car la nation française est sans doute encore la plus riche en hommes zélés, éclairés, désintéressés, prêts à se dévouer avec énergie et constance à tous les sacrifices de soins, de temps, de fortune, pour le bien d'une patrie qui tous les jours leur devient plus chère, et pour le bien de l'humanité.

Que le Gouvernement veuille donc, et le bien s'opérera dans les réformes, dans l'amélioration des prisons, comme dans toute autre branche de l'administration. Savoir vouloir est la principale partie de la science des Gouvernemens.

DES PRISONS

DE PHILADELPHIE.

AVRIL 1795.

Howard, si souvent traité de rêveur philantrope, Howard, dont la vie entière fut employée
en généreux efforts pour le soulagement de l'humanité souffrante, ne sera plus, grâces à la sagesse
de l'état de Pensylvanie, considéré désormais que
comme un sage, dont l'esprit s'est montré aussi
éclairé dans ses observations et dans ses conseils,
que son âme était reconnue vertueuse et amie des
hommes. Ses principes, son système, sont soigneusement adoptés à Philadelphie : ils le sont
depuis plusieurs années, et le succès couronne
l'entreprise, ainsi que l'avait annoncé ce bien-
faiteur de l'humanité.

Mais comme la jurisprudence criminelle de
l'état de Pensylvanie est la base sur laquelle re-
pose le nouveau système d'administration des
prisons, il est nécessaire d'en présenter succinc-
tement l'historique.

William Penn, lors de la fondation de sa colonie en 1681, arriva portant une charte de Charles II, qui prescrivait l'établissement des lois anglaises. Ce législateur philosophe, dont le premier acte fut la protection indistinctement accordée à toutes les religions, sans préférence pour aucune, n'admit qu'avec répugnance un code pénal qui infligeait la peine de mort presque universellement pour tous les crimes (1). Ami de la raison et de l'humanité, son vœu était d'en étendre l'empire, et d'en faire éprouver les bienfaits à sa colonie naissante. L'effusion de sang, ordonnée et exécutée de sang-froid, ne pouvait d'ailleurs sympathiser avec les principes du chef de la secte qui n'admet pas la légitimité d'une guerre même défensive. Il rédigea donc un code de lois criminelles beaucoup plus douces, et où la privation de la vie était réservée au seul meurtre prémé-

---

(1) On lit dans l'histoire de la Police de Londres, publiée en 1796, par *Colquhoun,* juge de paix du comté de Midlesex, que le nombre des crimes pour lesquels la loi anglaise prononce la peine de mort, est encore aujourd'hui de 160. L'énumération de ces différens crimes ainsi punis, se trouve dans le chap. 12 de la cinquième édition, et on y voit la peine de mort prononcée pour des délits qui seraient trop punis par cinq ou six mois de détention.

dité, avec faculté au Gouvernement d'annuler le jugement par un pardon absolu, ou par une commutation de peine. Ce code fut désapprouvé de l'Angleterre, et, après un long débat entre le roi et le gouverneur de Pensylvanie, les lois criminelles anglaises furent établies dans toute leur étendue et dans toute leur rigueur. Cet ordre de choses dura tant que le roi d'Angleterre resta souverain de l'Amérique septentrionale.

Les habitans de la Pensylvanie, rappelés à la liberté, ont dû l'être à-la-fois à la douceur de leurs lois pénales primitives. Cependant, quoique la nouvelle constitution de cet Etat, faite en 1776, portât l'injonction à la législature *de réformer le code criminel, de rendre les peines moins cruelles, et plus proportionnées aux délits qu'elles doivent punir,* la guerre empêcha, jusqu'en 1786, que ces bienfaisantes intentions ne fussent suivies. A cette époque seulement, la peine de mort fut réservée aux meurtriers de toute espèce, aux incendiaires et aux coupables de trahison ; le fouet, l'emprisonnement, les travaux publics lui furent substitués pour les autres crimes.

Cet adoucissement, déjà grand dans le code pénal, n'était cependant qu'un commencement imparfait de la réforme projetée. Quelques prin-cipes évidens de justice y étaient encore méconnus. L'évasion de la prison était punie de coups, à la volonté du juge, même de mutilation d'oreilles. L'homme échappé de prison, devenant coupable de l'un des délits que la nouvelle jurisprudence punissait d'une peine légère, l'était de mort, selon la jurisprudence ancienne; comme si la loi, qui doit toujours supposer à un détenu le désir de quitter la prison, pouvait jamais, avec justice, faire un nouveau crime à celui qui, en échappant à la captivité, ne fait qu'obéir à un désir naturel dont personne ne peut méconnaître la violence, et ne rompt réellement aucun engagement et ne trompe aucune confiance.

L'expérience de deux ou trois années découvrit promptement aussi les nombreux inconvéniens des travaux publics. Ces criminels, chargés de fers, répandus dans les rues, sur les chemins, présentaient plutôt au public le spectacle du vice, que celui de la honte et du malheur. L'impossibilité de les surveiller tous d'assez près, leur laissait souvent les moyens de se livrer à des excès, de s'enivrer, d'entrer dans les maisons, quelquefois d'y voler, souvent de rompre leurs chaînes. Tous les prisonniers étaient confondus, quels que fussent leurs crimes et leurs caractères. Le mauvais ne devenait pas meilleur par ce mélange, et le moins mauvais en devenait pire. L'effroi était dans les villes et dans les campagnes; et, loin que les hommes ainsi punis en reçussent des moyens d'amendement, les crimes se multipliaient, et les prisons devenaient trop petites pour le nombre des condamnés qu'elles devaient contenir.

Plusieurs citoyens respectables de Philadelphie se réunirent à cette époque, dans l'objet de porter quelque amélioration dans les prisons, d'en découvrir les besoins et d'en révéler les abus au Gouvernement. Cette société provoqua un nouvel adoucissement dans le code pénal. En 1790, la législature, composée encore d'une seule chambre, abolit les travaux publics, la mutilation, le fouet, l'amende en réparation des crimes commis. Cette loi exige aussi un grand degré d'évidence pour la conviction de quelques crimes, particulièrement pour celui de la destruction d'un enfant par sa mère, dans les premiers momens de sa naissance ; et prescrivant quelques articles essentiels pour l'administration générale des prisons, elle laisse à un comité d'inspecteurs le soin de faire, avec l'approbation du maire et de deux aldermens de Philadelphie, de deux juges de la *suprême cour*, et de deux de celle des *common-pleas* de Pensylvanie, les rè-

glemens nécessaires pour leur régime intérieur.
La confiance dans les vues de cette bienfaisante
société, dans le dévouement et la sagesse des
inspecteurs qui se proposaient pour gouverner
les prisons, arracha cette loi de douceur à la
législature, qui était loin alors d'espérer que
l'absence de tout mauvais traitement, que la
douceur envers les prisonniers, assureraient
leur bonne conduite et leur amendement plus
que n'avaient pu le faire la dureté et les chaînes.

Les juges consultés étaient contraires à ce
changement, non qu'ils fussent endurcis par les
préjugés : ils sont éclairés et humains ; mais la
connaissance habituelle que leur état leur donnait des crimes et des criminels, ne leur laissait
aucun espoir de succès dans le nouveau système
que l'on proposait d'établir. Le changement de
régime dans les prisons était cependant la seule
base de celui du code pénal. Aussi la loi ne fut-
elle que temporaire, et son effet limité à cinq
années, laissant à l'expérience à prouver si ces
essais devaient être continués, ou si, ce qui
semblait alors plus probable, ils devraient être
abandonnés.

Les quakers principalement étaient promoteurs de ce système de douceur. Ils furent aidés
de l'influence de quelques citoyens, les plus

considérables par leur fortune et par leur crédit, assez sages pour prévoir la possibilité et les
avantages de leurs succès, assez bons patriotes,
assez humains pour désirer d'y contribuer.
Ceux-ci furent choisis pour inspecteurs ; alors
les règlemens furent promptement faits, les
changemens nécessaires dans les bâtimens bientôt opérés, le nouveau régime bientôt mis en
exécution, et les essais des premières années
ont tellement répondu à leur espérance et à
leurs soins, que la législature de la Pensylvanie, adoucissant encore, en 1793, le code
pénal, a réservé la peine de mort aux seuls
meurtres prouvés faits avec malice et prémédi-
tation, punissant les autres d'une détention
plus ou moins longue, plus ou moins sévère,
et laissant toujours au gouverneur la faculté d'en
abréger la durée ; car si la certitude de la punition a paru à ces sages législateurs un frein
puissant pour empêcher beaucoup de crimes,
l'espoir d'obtenir pardon par une bonne conduite leur a paru un véhicule non moins propre
à amener les condamnés à un véritable amendement.

Quoique les prisons de Philadelphie renfer-
ment les personnes qui doivent être jugées par
les tribunaux de l'Union, les prisonniers pour

dettes de tout l'état de Pensylvanie, les prisonniers pour faits de police ou détenus en attendant leur jugement, et les prisonniers détenus
par l'effet d'une sentence définitive, et connus
sous le nom de *convicts,* ce n'est qu'à ces der-
niers que se rapporte ce que je vais dire de ces
prisons ; plusieurs circonstances différentes
ayant retardé jusqu'à ce moment les arrangemens
semblables pour les autres classes de prisonniers.

La punition doit avoir pour objet l'amendement du coupable, et doit lui en fournir les
moyens. Cet axiome de morale est la base de la
conduite des prisons. Les administrateurs y ont
joint cet axiome politique, que la détention
d'un condamné étant une réparation faite à la
société, celle-ci ne doit pas, autant qu'il se peut,
être encore grevée dans ses finances des frais
de cette détention.

D'où il résulte : 1°. que le régime de cette
prison a pour objet d'amener les prisonniers à
l'oubli de toutes leurs anciennes habitudes, à
la réflexion sur eux-mêmes, et par elle à l'amendement;

2°. Que l'injustice, l'arbitraire, les mauvais
traitemens sont proscrits de cette maison; car
ils révoltent l'âme, ils la remplissent d'irritation

et d'amertume, loin de la disposer au repentir,

3°. Que les prisonniers sont constamment employés à des travaux productifs, pour leur faire supporter les frais de la prison, pour ne les pas laisser dans l'inaction, pour leur donner l'habitude du travail, et pour leur préparer quelque ressource au moment où leur captivité devra cesser.

Les *convicts* condamnés à la détention sont de deux classes : ceux condamnés pour les crimes qui jadis étaient punis par la mort, et leur sentence porte toujours la clause du *solitary confinement* pour une portion du temps de leur détention déterminée par le juge, mais qui, selon la loi, n'en doit pas excéder la moitié, ni être moindre que la douzième partie ; l'autre classe est celle des *convicts* condamnés pour des délits moins considérables, et dont le jugement ne prononce pas la clause du *solitary confinement*.

L'homme condamné au *solitary confinement* est dans une espèce de cellule de huit pieds sur six, et de neuf d'élévation. Cette cellule, toujours au premier ou au second étage d'un bâtiment voûté et isolé du reste de la prison, est échauffée par un poêle placé dans le corridor qui la précède. Le prisonnier, fermé par deux portes de fer en grille, reçoit le bénéfice de la chaleur, sans pouvoir mésuser du feu dont il ne peut approcher. Sa chambre, déjà éclairée par le jour du corridor, l'est encore plus directement par une fenêtre qui y est ouverte. Des commodités lavées par une eau courante à volonté, sont dans chacune. Les précautions pour la salubrité sont entières; ces cellules sont, ainsi que le reste de la maison, blanchies deux fois par an; le prisonnier est couché sur un matelas fourni de couvertures. Là, séparé de tous les autres, livré à la solitude, aux réflexions et aux regrets, il n'a de communication avec personne; il ne voit même le porte-clef qu'une fois par jour, quand celui-ci lui apporte une espèce de *pudding* grossier, fait avec de la farine de maïs et de la mélasse. Ce n'est qu'après un certain temps qu'il obtient la permission de lire, s'il la demande, ou de s'occuper aux espèces de travaux compatibles avec son étroite réclusion. Jamais, à moins de maladie, il ne sort, même dans le corridor, tant que dure cet étroit emprisonnement. Les inspecteurs des prisons ont la liberté d'en placer l'époque à leur choix, pourvu que la proportion ordonnée par sa sentence ait lieu dans le cours du temps que doit durer la détention. Ils en placent une grande partie à l'arrivée du *convict* dans les prisons,

parce que la portion la plus rigoureuse de la
sentence doit, dans toute justice, en suivre immédiatement la prononciation, et être par-là
autant rapprochée que possible du crime qui
l'a méritée; parce que la sévérité de cette réclusion absolue serait plus horrible encore pour
ce prisonnier, s'il avait joui déjà de la mesure
de liberté accordée aux autres; parce que, dans
cet abandonnement total de tout être vivant, il
est plus amené à descendre en lui-même, à
réfléchir sur les fautes dont il sent si amèrement
la peine; parce qu'enfin le changement absolu
de nourriture pour la qualité et pour l'espèce,
renouvelant entièrement son sang, l'adoucissant, le rafraîchissant, amollit son âme et la
dispose à la douceur qui amène le repentir.
Les inspecteurs de cette prison ont une grande
foi à la sûreté de cette observation, et comptent
le régime diététique des prisonniers au nombre
des moyens qui aident le plus efficacement à
leur amendement, en changeant leurs idées et
leurs dispositions. Ce système est aussi celui de
tous les fondateurs des religions, qui comman-
dent les jeûnes et les abstinences; et l'homme
qui réfléchira seulement à l'effet que reçoivent
ses facultés intellectuelles de l'état de son es-
tomac, applaudira à la confiance qu'ont les

inspecteurs de cette prison dans le choix des nourritures qu'ils donnent aux *convicts* (1).

Les *convicts* dont la sentence ne porte point la clause du *solitary confinement*, sont, à leur arrivée, mis avec les autres. Leur vêtement leur est ôté, passé au feu s'il y a lieu, et le vêtement commun aux prisonniers leur est donné. Ils sont informés des règles de la maison, et interrogés le premier jour sur le travail qu'ils sont capables ou dans l'intention de faire. Le *constable* qui amène le prisonnier, remet aux inspecteurs un compte succinct de son crime, des circonstances qui peuvent l'aggraver ou l'atténuer, de celles de son procès, des délits ou crimes dont il a pu être antérieurement accusé, enfin du caractère connu de cet homme dans les temps précédens de sa vie. Ce compte, envoyé par la cour qui a prononcé la sentence, met les inspecteurs en

---

(1) Saint-Lambert, dans l'ouvrage qui a pour titre *Catéchisme universel*, rappelle que « dans Athènes un » temple était consacré à *Minerve Hygienne*, et que, » chez les Egyptiens, chez les Gymnosophistes, chez » les Mages, dans plusieurs écoles de la Grèce, on » pensait que l'art de fortifier le corps, d'entretenir la » santé, *de choisir les alimens* et les exercices, contri- » buait à rendre l'esprit facile, actif et laborieux. » (Chap. de la Raison, ou *Ponthiamas*.)

état de prendre une opinion première de ce nouveau détenu, et des soins plus ou moins surveillans qn'il faut en avoir.

Le travail qui lui est donné est proportionné à ses forces et à sa capacité. Il y a dans la maison des métiers de tisserands, des établis et des outils de menuisiers, des boutiques de cordonniers, de tailleurs. Les *convicts* de ces professions peuvent s'y livrer. Les autres sont employés à scier du marbre, à le polir, à faire des copeaux de bois de cèdre, à broyer du plâtre de Paris, à carder de la laine, à battre du chanvre. Les inspecteurs viennent d'ajouter à ces ateliers une manufacture de cloux, susceptible d'employer un grand nombre d'ouvriers, et d'un grand profit pour la maison. Les plus faibles, les plus maladroits épluchent de la laine, du crin et de l'étoupe. Chacun est payé à raison de son travail. Le marché est fait entre le concierge et les différens entrepreneurs de la ville pour chaque sorte d'ouvrages, et en présence du *convict*. Celui-ci doit payer sa nourriture, sa part de l'entretien de la maison, de la location des outils. Ce prix, qui suit nécessairement celui des denrées, est fixé par les inspecteurs quatre fois l'année; il est aujourd'hui porté à 15 *pence* (1),

____

(1) 18 sous et demi de France, et 9 sous d'Angleterre.

et l'homme le plus vieux, ne travaillant qu'à éplucher des étoupes, peut gagner 21 ou 22 pence. Il y a des hommes qui gagnent plus d'un dollar par jour.

Indépendamment de la pension que le travail des *convicts* doit payer, la loi les condamne à acquitter les frais de leur procès, et l'amende qui est toujours prononcée. Ils obtiennent communément la remise de la partie de cette amende qui doit être versée dans le trésor de l'Etat; mais ils sont strictement tenus de payer celle en restitution d'effets qu'ils auraient volés, et les frais du procès. Le comté leur fait l'avance des sommes nécessaires pour ce dernier objet; il est remboursé sur le produit de leur travail, s'il ne l'est par leur famille ou leurs amis.

Les femmes sont employées à filer, à coudre, à dresser du chanvre, à blanchir pour la maison. Leur travail n'est pas aussi productif que celui des hommes; mais il l'est assez pour payer les 7 *pence* par jour, somme fixée pour leur pension, et peut leur valoir au-delà si elles s'emploient tout le jour. Ne travaillant point à des ouvrages de force, leur nourriture est moins considérable.

Le geôlier n'est plus ici, comme il l'est trop souvent ailleurs, un exacteur qui met à contribution la faiblesse, la captivité, la misère même des prisonniers : point de *bienvenue*, point de rétribution pour les faveurs particulières, point d'argent à payer en sortant. Le peu d'appointemens de certaines places en Europe semble autoriser celui qui les possède à en étendre les revenus, et il est bien difficile que l'administrateur supérieur, qui sait que cet homme n'a matériellement pas de quoi vivre de sa place, ne ferme pas les yeux sur quelques moyens qu'il prend pour compléter sa subsistance. Ces moyens sont des abus qui passent bientôt en usage, bientôt après en droit, et que l'administrateur le plus pur et le plus sévère ne peut plus déraciner. Il perdrait plutôt sa place lui-même, s'il le tentait sérieusement ; car les abus acquièrent une force redoutable de l'intérêt commun de tous ceux qui en vivent. Les petites exactions qui quadruplaient et décuplaient même peut-être, en France, les gages du *rat-de-cave*, avaient tant d'affinité avec les *tours-de-bâton* du fermier général, ou les *revenant-bons* du ministre des finances, que celui-ci, tout en blâmant souvent, en conversation, ces petites vilenies subalternes, ne les réformait cependant jamais. Ces vices n'appartiennent pas plus à la monarchie qu'à tout autre gouvernement, pas plus à la France qu'à tout autre pays. Sous des noms différens les abus sont par-tout, dans les mêmes circonstances, à-peu-près les mêmes.

Ce genre d'exaction avide semble aussi devoir appartenir davantage aux conditions avilies dans la société. C'est une espèce de vengeance que ceux qui peuvent se passer de l'estime des autres exercent pour le mépris qu'ils en reçoivent. La considération accordée aux hommes est par-tout un premier garant de leur bonne conduite; et il faut être honnête, d'une manière bien distinguée, pour sentir sérieusement le besoin de s'estimer soi-même, quand on est sûr d'être généralement méprisé des autres.

Ces principes, qui servent de règles pour la conduite des prisonniers, ont dû diriger les inspecteurs dans le choix du geôlier; car il en est le moyen principal. Comme aucun prisonnier n'est jamais mis aux fers, que les coups, les mauvais traitemens, les menaces, les reproches sont interdits à ceux qui les approchent; que tout le régime de cette maison de répression tend à en faire une maison d'amélioration, la place de geôlier n'y répugne à la délicatesse d'aucun honnête homme. Les appointemens en sont très-bons, et les gages des sous-ordres sont suffisans pour les faire vivre convenablement:

la surveillance journalière des inspecteurs ajoute un degré de certitude à l'intégrité de ces subalternes, et il en résulte, non-seulement l'absence de toute exaction envers les prisonniers, mais même l'évidence qu'il n'en peut pas exister.

Chaque prisonnier a un petit livre sur lequel sont écrits, et le marché fait en sa présence par l'entrepreneur étranger pour le prix de son travail, et les gains qu'il fait en conséquence. Les dettes du *convict* pour la poursuite de son procès, pour les amendes auxquelles il a été condamné, pour les outils qu'il peut casser, pour ses vêtemens, enfin pour sa pension, sont aussi journellement inscrites sur ce livre, qui est arrêté tous les trois mois en présence des inspecteurs. Le double de ces comptes est porté sur un registre général où, chaque quartier aussi, le compte de chacun est balancé ; et l'argent est versé dans la caisse du trésorier du comté, qui devient ainsi le caissier des prisonniers, pour éviter jusqu'aux soupçons qui pourraient s'élever contre le geôlier, s'il restait dépositaire de ces sommes. Celui-ci n'est donc que l'agent entre le prisonnier travaillant, et l'ouvrier, le marchand ou l'entrepreneur pour lequel le prisonnier travaille. Les prix alloués aux prisonniers sont ceux donnés à tout autre

BIBLIOTHÈQUE ROYALE

2

ouvrier du même genre. Ces prix sont connus :
l'inspecteur peut donc en vérifier l'exactitude
avec facilité. Quant à la nourriture, le geôlier
fait les achats des provisions sous les yeux des
inspecteurs. Les quantités sont fixées pour chacun, pesées devant le cuisinier qui lui-même
est un *convict*, et qui est payé de sa peine sur la
somme dont chacun contribue par jour pour
sa pension. A ces moyens de précaution et d'inspection continuelles, et d'appointemens suffisans du geôlier, qui préviennent toute fraude
de sa part, se joint plus puissamment encore le
moyen d'opinion. L'humanité, la sévère exactitude des inspecteurs est si grande, leur volonté si manifeste, leurs soins si continuels pour
que la justice soit la règle constante de conduite envers les prisonniers, que les voler paraîtrait aux hommes qui les approchent un
manque de confiance plus répréhensible, un
crime plus grand que tout autre vol.

Les chambres où couchent les prisonniers
sont au premier étage. Chacune d'elles contient
dix à douze lits, garnis de matelas, de draps
et de couvertures. Chaque prisonnier a le sien.
La chambre d'ailleurs est bien aérée, bien éclairée, de manière toutefois à prévenir toute communication avec l'extérieur. A la pointe du jour,

ils en sortent pour n'y rentrer qu'à la nuit close. Alors ils y sont enfermés sans lumière. Dans les grands froids, on leur donne quelques bûches. Le bâtiment étant voûté, ils ne peuvent y mettre le feu. S'ils tentaient de brûler leurs lits, ils s'exposeraient à être étouffés eux-mêmes par la fumée, et ceux qui en échapperaient auraient encore à payer le dégât, et seraient envoyés au *solitary confinement*.

Le matin, avant de commencer le travail, les *convicts* sont obligés de se laver les mains et le visage. L'entretien de la santé n'est pas le seul bien qui résulte de cette propreté exigée : ces soins, que l'on oblige ainsi le prisonnier, communément accoutumé à la malpropreté, à prendre de sa personne, contribuent en quelques degrés à relever en lui l'opinion de lui-même. D'ailleurs, les mêmes pratiques exigées imperturbablement aux mêmes heures, concourent aussi à lui donner un esprit d'ordre, auquel on ne peut le ramener par trop de moyens. En été, ils se baignent deux fois par mois dans un bassin creusé au milieu de la cour pour cet usage. Ils sont rasés régulièrement deux fois par semaine, et les frais du barbier, qui est aussi un *convict*, font une partie de l'emploi des 15 pences prélevés par jour sur leur travail.

2 *

Ils changent deux fois de linge par semaine.

Les ateliers pour les gros ouvrages sont dans la cour. Ceux pour les ouvrages moins grossiers sont dans des chambres, sur le même étage que celles où ils couchent, mais dans un autre corps de logis. Les ouvriers n'y sont pas renfermés. Ils y travaillent sous leur surveillance réciproque; ils ne sont guère plus de cinq ou six dans chacune de ces sortes de boutiques.

Les porte-clefs, qui sont au nombre de quatre pour toute la maison, doivent être constamment dans les corridors, dans les cours, parmi les prisonniers. Toute conversation suivie est interdite aux prisonniers entre eux; ils ont seulement la liberté de se parler pour les besoins mutuels qu'ils peuvent avoir l'un de l'autre dans leurs ouvrages, mais sans jamais s'appeler en criant. Il leur est défendu de parler des causes de leur détention, de se les reprocher, ou même de se les raconter mutuellement. On s'efforce par toutes les voies à leur faire oublier leur vie comme leurs habitudes anciennes. A table, le même genre de silence leur est prescrit. Leur déjeuner et leur souper est un pudding de farine de maïs et de mélasse. A dîner, une demi-livre de viande, des légumes, une demi-livre de pain. Leur boisson est de l'eau; jamais, dans aucune circonstance,

ils ne boivent de liqueurs fermentées, pas même
de la petite bière : l'entrée en est proscrite dans
la maison, et cette proscription est religieuse-
ment observée. L'espèce d'animation qu'en reçoit l'ouvrier n'est qu'une vigueur factice et
momentanée : elle serait pour le prisonnier une
irritation qui allumerait son sang, qui empêche-
rait par conséquent l'effet du régime tempérant
par lequel on s'efforce de l'adoucir, de changer pour ainsi dire sa nature. Il trouve sa force
dans la nourriture substantielle qu'il prend, et
qui, par le même principe, doit être bornée au
juste nécessaire. Les rires, les chants, les cris
lui sont interdits, non-seulement comme dis-
convenance, mais aussi comme secousse qui
ébranlerait ses organes et les sortirait de la quié-
tude parfaite où l'on veut les tenir, pour en
faire en quelque sorte un nouvel être. Si le prisonnier contrevient à la règle de la maison, il
en est averti une première fois par l'inspecteur,
le geôlier ou le porte-clef. S'il recommence,
il est mis au *solitary confinement*. Ce *solitary
confinement* est une punition pour les fautes
des prisonniers, que le geôlier peut ordonner,
mais dont il doit sur-le-champ rendre compte
à l'inspecteur. Le paresseux qui ne travaille pas
est mis au *solitary confinement;* et cette peine,

extrêmement sévère, est un temps qu'il faudra
encore racheter par le travail ; car les frais de la
pension courent toujours.

Les quatre porte-clefs sont toute la nuit de
service : deux sont dans la salle des inspecteurs, deux dans l'intérieur de la prison. Ceux-
ci se promènent continuellement dans les corridors. Au moindre bruit, ils éveillent le geôlier et
se rassemblent ; le geôlier entre dans la chambre
d'où vient le bruit, et mène dans les terribles
cellules ceux qui en sont coupables. Ces cas sont
extrêmement rares : il n'arrive peut-être pas
quatre fois l'an que des prisonniers soient punis ; et c'est le seul moyen de punition employé
dans cette prison. Les geôliers, les porte-clefs
sont sans armes, sans chien ; il leur est défendu
même de porter une baguette ; car ils pourraient,
dans un moment d'impatience, en frapper un
prisonnier, et le système de calme et de justice
exacte et froide dont on espère tant de bien, en
serait dérangé. Le porte-clef qui s'enivrerait,
qui traiterait deux fois un prisonnier avec dureté, perdrait sa place. Les inspecteurs, au contraire, causent avec eux, cherchent à les connaître, les exhortent, les consolent, leur donnent
courage, les réconcilient avec eux-mêmes. Ces
conversations ne sont pas fréquentes ; elles au-

raient alors moins d'effet. Leurs visages sont toujours sereins, jamais rians. La contenance des prisonniers n'a rien de cette insolence, de ce morne noir ou de ce vil abattement que l'on trouve si souvent parmi les nôtres; elle est respectueuse, froide, triste et calme.

Le traitement pour les femmes *convicts* est le même. Elles sont dans une aile du bâtiment, séparées des hommes; elles y sont réunies aux prisonnières pour délits. Le blanchissage est le seul travail qu'elles fassent dans leur cour, dont cependant elles ont l'usage à volonté. Le nombre des prisonnières *convicts* se borne ordinairement à cinq ou six. La rigidité du silence est moins exigée d'elles; elles sont moins surveillées que les hommes, parce qu'elles sont moins nombreuses, et que leur enceinte est toujours fermée sous clef. L'une d'entre elles fait la cuisine. Elles s'entr'aident dans leurs maladies; mais les maladies sont rares. Le nouveau régime de la maison a apporté sur ce point un changement que le mémoire du médecin indique à lui seul. Jadis il était de 260 à 320 dollars (1) par quartier, et aujourd'hui,

---

(1) Le dollar est égal à 5 francs 40 centimes, monnaie de France.

dans le même intervalle, il ne s'élève pas à 40
Cette énorme différence doit s'attribuer à la
différence totale de régime. Dans le précédent, le désordre des prisons produisant malpropreté, ivrognerie, *batteries*, occasionnait
beaucoup de maladies et de blessures; dans
le nouveau, ces causes étant détruites, les
maladies se bornent à des rhumes et aux acci-
dens qui arrivent par-tout ailleurs. Deux seuls
prisonniers sont morts depuis quatre ans, et ils
le sont de la petite-vérole. A moins de maladies contagieuses, les prisonniers, hommes et
femmes, restent dans leurs chambres; dans
ce dernier cas, ils sont mis dans une chambre
à part.

Le dimanche, les prisonniers assistent à un
sermon et à une lecture faite par un ministre
que son zèle y amène : n'importe à quelle
secte il appartienne. La liberté de religion est
entière dans la prison, ainsi que dans le reste
de la Pensylvanie. Cependant, comme presque
tous les habitans de l'État sont chrétiens, la
lecture est la Bible. Les sermons sont plus mo-
raux que religieux, et appliqués, autant que
possible, à la situation de ceux devant qui
ils sont prêchés. Tous les prisonniers, de quelque classe et de quelque sexe qu'ils soient, y

sont amenés, à ceux près du *solitary confinè-
ment*. Aucune des classes ne se mêle à une
autre. Le soir, pareil sermon. On donne des
livres à ceux qui en désirent; et ils sont d'espèce à leur rappeler leurs devoirs.

Douze inspecteurs sont chargés de l'administration supérieure de la prison. Le remplace-
ment par moitié a lieu tous les six mois, et il
est fait par les inspecteurs eux-mêmes. Cette
élection si fréquente a pour principal objet de
ne pas fatiguer trop long-temps les mêmes citoyens, par les soins pénibles que ces fonctions
exigent; mais ils peuvent être continués s'ils y
consentent. Tous s'assemblent chaque semaine,
et deux d'entre eux, sous le titre d'inspecteurs-
visiteurs, doivent faire, au moins deux fois
dans huit jours, la visite des prisons. Il ne se
passe pas de journée où ils n'y viennent, et où
plusieurs même de ceux qui ne sont pas de
service n'y paraissent. La plupart d'eux sont
quakers.

On ne peut méconnaître que c'est à cette société que sont dus principalement l'établissement et le succès de ce nouveau régime. Un
d'entre eux (*Caleb-Lownes*) en a presque à lui
seul tout l'honneur. La bienfaisante doctrine
de Beccaria et d'Howard a promptement germé

dans son cœur tout humain. C'est lui qui a animé ses frères de l'espérance des succès de son exécution ; c'est lui qui a provoqué le changement de régime dans les prisons ; qui a proposé d'y substituer la douceur, la fermeté et la raison, aux fers et aux coups ; qui s'est laissé patiemment traiter de visionnaire, sans ralentir ses démarches, dans l'entière confiance du bien que sa persévérance opérerait : c'est lui dont le zèle infatigable, intéressant à sa cause tous ceux qu'il croyait pouvoir l'aider dans sa réussite, a obtenu de la confiance de la législature ces lois, je ne dis pas seulement de bienfaisance, mais de justice stricte, de politique bien entendue ; c'est lui enfin qui, consentant à être réélu inspecteur à chaque nomination, est l'agent principal de cette œuvre respectable de raison et d'humanité.

J'ai dit que les juges avaient été d'une opinion contraire à cet établissement. Un d'entre eux, plus jeune que les autres, désespérant moins par conséquent de l'espèce humaine, a embrassé avec ardeur ces nouvelles idées ; il s'est associé à *Caleb-Lownes* dans toutes ses démarches, l'a aidé des conseils qu'un homme versé dans la jurisprudence pouvait seul donner, et a partagé ainsi le désir, les peines et le mérite de ses succès. Ce juge est *William Bradford*, alors *attorney-général* de Pensylvanie, depuis *attorney-général* des États-Unis, et mort récemment, honoré des regrets et de l'estime générale de ses concitoyens. Il mérite sans doute un hommage particulier, que je lui rends avec d'autant plus de plaisir, qu'il n'est pas une censure pour les autres juges; car ceux-ci, en se refusant à sanctionner de leur approbation le nouveau système, n'ont été guidés que par le doute sincère que leur expérience leur donnait de son succès; et ils se sont hâtés de l'aider de tous leurs moyens, dès qu'ils en ont vu les bons effets, sans être arrêtés par l'opinion différente qu'ils avaient exprimée, ce qui, certes, sera un mérite peu commun aux yeux de ceux qui connaissent les erreurs ordinaires de l'amour-propre.

Les prisons et leur nouveau régime sont sous la surveillance du comité du maire et des juges nommés pour en approuver le règlement. Ce comité doit visiter la prison une fois chaque quartier. Elle doit l'être aussi souvent encore par le gouverneur de l'État, par les juges de toutes les cours de la ville et du comté, enfin par les grands jurés. Ces visites ordonnées par la législature, dans la vue principale de suivre les progrès de ces essais, assureraient la bonne tenue de la maison, si l'on pouvait supposer que le zèle des inspecteurs se ralentît. Elles ont été jusqu'ici une récompense de leurs soins, et les ont aidés très-utilement, en faisant connaître leurs premiers succès, et leur donnant ainsi les moyens de surmonter tous les obstacles dont sont embarrassés, dans tous les pays du monde, les hommes qui se vouent à la destruction des abus.

Les inspecteurs ont la faculté de présenter au gouverneur des pétitions pour obtenir la grâce d'un prisonnier ; et ils en usent quand ils se croient assurés de l'amendement du *convict*, qu'il a amassé quelque argent par son travail, ou qu'il a dans sa famille des moyens de subsister. Il en est qui, après une détention de six mois, sont sortis avec 5o dollars de gain réel, toutes dépenses prélevées.

Le gouverneur ne refuse jamais la grâce à la demande des inspecteurs ; le meurtrier même peut espérer de l'obtenir, mais jamais sans que sa pétition soit signée des parens et amis de la victime de son crime. Les inspecteurs usent peu de cette faculté pour les *convicts* de cette classe ; ils en usent sobrement pour les autres ; mais enfin chacun des détenus sait qu'ils peuvent en faire usage ; et son cœur, entretenu par l'espoir, voit un intérêt à devenir meilleur. Qui conduira-t-on jamais sans l'espérance et la crainte ?

Les *convicts*, en sortant de la prison, reçoivent en argent la balance de leurs comptes, si les inspecteurs supposent qu'ils n'en feront pas un mauvais usage, ou en vêtemens s'ils n'inspirent pas cette confiance. Quelques-uns en disposent, pendant le temps de leur détention, pour le maintien de leur famille ; et tel est l'admirable effet de ce nouveau régime, que, sur cent *convicts* qui sortent de la prison, ou par grâce, ou après leur temps expiré, deux n'y sont pas ramenés pour récidive ; tandis que, dans l'ancien système, les prisons étaient peuplées de criminels d'habitude, qui n'en sortant, comme en Europe, qu'avec quelques vices de plus, n'usaient de leur liberté que pour commettre de nouveaux crimes, et étaient ramenés sans cesse dans les fers, jusqu'à ce qu'ils terminassent leur vie sur l'échafaud.

Le tableau placé à la fin de ce petit ouvrage, et les notes qui le suivent, en donneront la preuve. Il eût été à désirer de pouvoir y joindre l'état des crimes et des peines, dans les quatre années qui ont précédé la première réforme du

Code pénal ; mais les registres des prisons ont été enlevés par le geôlier qui alors en avait la garde. Ce n'est d'ailleurs qu'en 1790 que la loi, qui prescrivait un nouvel ordre dans les prisons, a été rendue ; et ce n'est qu'en 1791 que réellement elle a commencé à être mise à exécution, par les raisons détaillées ci-après.

Voilà donc en quatre années au moins deux cents personnes rendues utiles à la société, qui, par l'ancien régime, et d'après le Code pénal de presque tous les États de l'Europe, eussent été destinées à en être séparées, ou que les supplices en auraient à jamais arrachées.

Et que l'on ne croie pas que ce changement de système dans la jurisprudence criminelle et dans le régime des prisons , ait apporté trop de douceur au sort des criminels. D'abord, cela fût-il vrai, où serait le mal , puisque l'utilité de la société en est le résultat? Les lois criminelles d'aucun pays policé peuvent-elles avoir un autre but? Mais cette opinion que l'on aurait du nouveau système serait même fausse. D'abord la certitude de la punition est entière. L'accusé , s'il est convaincu, peut espérer que le temps et sa bonne conduite abrégeront sa détention ; mais il est sûr de subir, jusqu'à cette époque, la rigueur de sa sentence. Les jurys qui , répu-

gnant à voir un homme condamné à mort, cher-
chaient souvent moins l'évidence de son crime
que le moyen d'en douter, voyant aujourd'hui
la peine plus proportionnée au crime, ayant
sous les yeux les résultats de son utilité, crai-
gnent moins de trouver un coupable. Le gouverneur n'a aucun motif de faire grâce à un
condamné avant qu'il subisse sa sentence, puisqu'il est sûr de pouvoir la lui accorder s'il
prouve qu'il en est digne. Dans les pays où le
gouvernement a le droit de faire grâce, on sait
que ces faveurs ne sont pas toujours accordées
aux condamnés les plus dignes d'indulgence, et
que, comme presque toutes les faveurs, elles
sont dues plutôt au crédit de l'intercesseur qu'à
un sentiment d'équité de celui qui les accorde :
fussent-elles même accordées toujours avec dis-
cernement, elles seraient une critique de la loi,
qu'elles accuseraient ainsi d'ordonner une peine
disproportionnée au délit ; enfin cette grâce
absout, souvent sans commutation de peine,
un condamné qui ne méritait peut-être pas le
dernier supplice, mais qui peut-être aussi ne
peut pas, sans danger pour la société, être re-
placé sur-le-champ dans son sein. Ici, la diminution du temps de détention ordonnée par la
sentence, étant précédée de toutes les conditions

sans lesquelles elle ne peut être accordée, n'a
point d'inconvéniens, et la certitude de la peine
inévitable est déjà un grand frein contre le
crime. La régularité de l'ordre dans la prison,
la sévérité froide et non interrompue avec laquelle les prisonniers sont traités, sont aussi
une grande punition pour eux. Ces traitemens
arbitraires, ces coups donnés par la brutalité
des geôliers, ces fers mis selon leur caprice, les
juremens et les invectives prodigués à tous les
prisonniers, les exactions dont tous ces malheureux étaient victimes, toutes ces horreurs enfin
qui révoltent l'humanité et la justice des hommes
instruits de l'ancien régime des prisons, tel
qu'il existe encore presque par-tout en Europe,
étaient amplement compensés pour les prisonniers, par la fainéantise absolue dans laquelle
on les laissait vivre, par la liberté qu'ils avaient
de se livrer à toute espèce d'excès, par les liqueurs qui leur étaient fournies tant qu'ils
avaient de l'argent. Il est un nombre considérable de ces habitués de prisons que les traitemens tyranniques et cruels des geôliers n'en
dégoûtaient pas ; car, quelque ridicule que
puisse paraître cette assertion, il est cependant
positivement vrai que beaucoup d'entre eux en
aimaient le séjour pour le désordre où il leur

était permis d'y vivre. Aujourd'hui, la prison n'est pour eux que privation de la liberté, obligation au travail, à l'ordre et au silence.

Quand, en 1786, la loi qui abolissait la peine de mort, et qui ordonnait le nouveau régime des prisons, fut faite, deux prisonniers, arrêtés pour crimes que l'ancien Code pénal punissait de mort, et qui, par le nouveau, ne l'étaient que de détention, préférèrent d'être jugés selon l'ancienne loi, plutôt que de se soumettre à cette réclusion longue et rigoureuse, à ce *solitary confinement* qu'ils redoutaient avec effroi, sans en avoir cependant éprouvé l'amertume. Ils étaient encore guidés dans ce choix par l'espérance du pardon, qui alors les eût rendus entièrement et immédiatement à la liberté. Un d'eux ne fut pas trompé dans son espérance, l'autre subit la mort. Ceux des prisonniers d'alors, destinés à rester en prison, et qui n'avaient vu que des bienfaiteurs et des amis dans les membres du comité, tant que leurs soins s'étaient bornés à leur donner des vêtemens et à leur procurer une meilleure subsistance, n'y virent plus que des ennemis quand ils surent qu'ils s'occupaient d'écarter de la prison toute espèce de désordre. Tout ce qu'ils purent mettre d'oppositions partielles et combinées à l'établissement du nouveau régime, par astuce, par résistance ouverte, par refus de travail, par tous les moyens enfin en leur pouvoir, ils l'employèrent; et le premier jour même où le régime commença, tous mettant à exécution le complot fait d'avance, tentèrent de forcer la prison. Quinze s'échappèrent; les autres en furent empêchés. Le geôlier lui-même, plus intéressé qu'aucun autre à la continuation des désordres, mit tous les obstacles qu'il put aux efforts faits pour les détruire. Il disputait de crédit aux inspecteurs avec avantage, entravait tous les changemens ordonnés, perpétuait les abus et ses exactions, et les inspecteurs ne pouvaient pas même obtenir qu'il fût puni; car, comme les préjugés étaient très-répandus contre l'innovation projetée, le geôlier pouvait trouver des défenseurs, même parmi ceux qui désiraient sincèrement le bien. Mais, bientôt après, une circonstance d'une nature grave ouvrit les yeux à ses protecteurs abusés; ils l'abandonnèrent, il fut chassé de sa place, et les obstacles cessèrent.

Toutes ces oppositions faites à cette époque prouvent autant combien le régime d'ordre, de travail et d'exacte sévérité, était redouté des prisonniers et de leurs gardes, que l'heureux ré-

sultat dont j'ai rendu compte prouve combien
il était sagement désiré de ceux qui en ont conçu,
provoqué et fait l'établissement. La ferme détermination de vaincre tous les obstacles les a tous
vaincus. Ce moyen est rarement employé sans
succès. Aucune tentative d'évasion n'a eu lieu
depuis par les prisonniers : neuf seulement, qu'un
excès de confiance avait laissé travailler hors
l'enceinte de la prison, se sont échappés; quatre
d'entre eux ont été repris.

Ceux qui de la connaissance de ce fait concluraient, comme *Brissot*, que les prisonniers se
trouvent si bien dans leurs prisons qu'ils ne
tendent pas de la forcer, concluraient très-faux
(heureusement pour le nouveau régime) ; car
le bien-être qui ferait aimer le séjour d'une prison, serait tout aussi condamnable dans la fin
de la détention, que la dureté et l'injustice qu'on
en a bannies. Les murs sont élevés, les portes
sont fortes, la surveillance est continuelle et
grande, et le prisonnier sait que s'il échappait,
il courrait le risque probable d'être repris, et
de voir sa détention prolongée, après un long
temps de ce redoutable *solitary confinement*,
sans qu'alors il lui restât de probabilité de pardon
à aucune époque : il sait que sa bonne conduite
abregera la durée de sa détention : c'en est assez

3 *

sans doute pour prévenir les tentatives d'évasion ; car les prisonniers que l'on ne prive jamais de leur couteau ont, pour leurs différens travaux, l'usage des outils qui pourraient leur en faciliter les moyens, si l'usage n'en était pas surveillé ; et presque aucun n'échappe de l'intérieur de la prison.

Il résulte donc de cet essai, qui compte déjà quatre années d'épreuve, 1°. que beaucoup d'hommes, jadis perdus pour la société, y sont utiles, y rapportent l'habitude et les moyens de travail qui, dans tous les pays du monde, sont un grand préservatif contre les crimes; 2°. que la dépense de leur détention n'en est pas une pour la société, puisque l'État, qui, avant l'établissement de la clouterie, n'avait déjà à supporter que les frais des réparations et des gages des employés (1), se trouve aujourd'hui, par cette manufacture, défrayé de toute dépense, et qu'il

____

(1) La totalité de ces dépenses supportées par le comté, pour gages du geôlier et des porte-clefs, réparations, etc., n'était que de 1000 dollars. Il ne sera pas sans intérêt d'ajouter que, dans le temps où les fers étaient employés dans les prisons, le mémoire du serrurier s'élevait à 860 dollars par an (terme moyen); aujourd'hui, et depuis quatre ans que les fers sont supprimés, il ne s'élève annuellement qu'à 40.

y a même un excédant de recette versé dans le trésor, pour être employé à d'autres dépenses publiques (1).

Le système nouveau est donc arrivé à un résultat plus complet qu'Howard lui-même n'avait osé en concevoir l'idée ; car il traitait d'illusion l'espoir que le travail des détenus pût satisfaire à la dépense de leur entretien (2) ; et ceux de Philadelphie emportent toujours en sortant un bénéfice, après avoir payé tous les frais qu'ils ont occasionnés ; car il croyait que les fers et même les coups étaient indispensables pour la punition des prisonniers (3) ; et les coups et les fers sont prohibés dans la prison de Philadelphie ; et la peine de mort enfin, dont encore Howard lui-même pensait que la loi devait punir le bris des maisons, l'incendie et le meurtre, est réservée aux meurtres au premier degré.

____

(1) Comme cette manufacture est toujours croissante , et que son gain dépend du nombre de bras qui y sont employés, on n'a parlé que généralement du profit qu'elle donne à la maison , qui est réel et déjà considérable.

J'en joins un état à cette nouvelle édition, que je me suis procuré depuis l'impression de la première , et qui est authentique.

(2) Vol. I, page 41.

(3) Vol II. Règle pour les prisons, page 227.

Cette peine, si souvent prononcée par les législateurs, dans le seul embarras de ce qu'ils pourraient faire des criminels à qui on laisserait la
vie, n'est, en bonne morale et en sage politique, possible à ordonner que lorsqu'elle est
le seul moyen de préserver la société d'un grand
danger. En toute autre occasion, elle n'est
qu'une cruauté nuisible à son véritable intérêt;
cruauté qui d'ailleurs punit moins sévèrement
le criminel, que les détentions longues et rigides,
que cet exact emprisonnement dans ces cellules
écartées, où le criminel, seul avec le souvenir
de son crime, traînant dans une inquiétude
déchirante de longs jours d'ennui et de déso-
lation, est isolé de toute la nature, se sait
étranger au monde entier.

L'Etat de Pensylvanie a seul, jusqu'à ce jour,
adopté ces changemens dans la jurisprudence
criminelle, et dans la conduite des prisons.
Beaucoup d'autres États attendaient l'effet de
ces essais pour penser à les imiter. — William
Bradford avait publié, en 1793, un écrit où,
rendant compte des motifs et des effets de ces
changemens, il prouve l'injustice et l'impro-
priété de la peine de mort, hors le cas de meurtre
prémédité. Cet ouvrage a été envoyé dans toutes
les parties de l'Amérique, par la bienfaisante so-

ciété formée pour l'amélioration du sort des prisonniers. Il fixe aujourd'hui l'attention de toutes les législatures : des hommes bienfaisans de tous les pays s'unissent à elles pour prendre des renseignemens sur les détails de ce nouveau système, et sur les moyens d'y procéder. La législature de New-Yorck a rendu, dans la session dernière, une loi pour l'adopter; celle des Jerseys s'en occupe; celle de Massachusset en est sollicitée par l'attorney-général de l'Etat. Le congrès lui-même vient de nommer un comité pour examiner de quels adoucissemens est susceptible la jurisprudence criminelle de l'Union. D'ici à peu de temps, ce système ne peut manquer de devenir général dans toute l'Amérique.

Puisse ce nouveau monde, accoutumé à recevoir de la vieille Europe les lumières dont sa jeunesse et son inexpérience ont besoin, lui servir à son tour de modèle dans la réforme de la jurisprudence criminelle, dans l'établissement d'un système de prison sévère, même terrible, mais juste et humain ! car enfin c'est l'Amérique qui en donne le premier exemple. Sans doute les idées qui en ont provoqué, qui en ont facilité l'exécution, sont parties d'Europe; sans doute la cause de l'humanité y a trouvé d'habiles et de zélés défenseurs; mais l'essai de l'abolition presque totale de la peine de mort, avec les précautions qui pouvaient en assurer les succès ; la substitution du régime de la raison, de la justice, à celui des fers, des traitemens cruels et arbitraires, n'y a jamais èté tentée. Les obstacles à vaincre pour y réussir seront certainement énormes en Europe : mais ils étaient grands ici ; ils y étaient crus grands ; ils étaient multipliés : tous les préjugés étaient contraires à cette innovation, et le courage persévérant de quelques zélés citoyens en a triomphé. Deux cent quatre-vingts prisonniers sont aujourd'hui dans la prison, et sont gardés par cinq hommes (1) sans armes, sans bâtons et sans chiens. De ces deux cent quatre-vingts, quatre-vingt-dix seulement sont *convicts*, et sont seuls soumis au régime dont je viens de rendre compte ; mais les cent quatre-vingt-dix autres n'en sont pas moins sous la garde de ces cinq hommes, et ces quatre-vingt-dix *convicts* sont des criminels convaincus, jugés par jurys, de l'espèce de ceux que, quelques années plus tôt, les fers, les coups, la mutilation, la crainte de la mort, ne

____

(1) Ou plutôt une femme et quatre hommes, la veuve du dernier geôlier ayant remplacé son mari mort en 1793 de la fièvre jaune, et remplissant ses devoirs dans tous les détails, aussi bien qu'aucun homme pourrait le faire.

pouvaient contenir; qui ne sortaient de la prison que pour y être promptement ramenés pour de nouveaux crimes, et qui aujourd'hui, assouplis par le régime imperturbable d'ordre, de sévérité, de raison et de régime diététique, se soumettent sans difficulté aux règles qu'ils connaissent, et sont rarement coupables de la plus légère contravention; et aujourd'hui les crimes sont beaucoup plus rares dans l'État, la tranquillité est entière dans la ville, preuve bien forte, si elle n'est pas indubitable, de l'avantage du nouveau système, et confirmée encore par les résultats absolument différens dans tous les autres États d'Amérique, où l'ancien n'est pas encore changé.

Je sais bien que la grande facilité qu'a, en Amérique, tout homme laborieux, de devenir propriétaire, doit y rendre les crimes plus rares et d'un caractère différent; je sais bien que, dans nos grandes sociétés d'Europe, il existe des crimes et des criminels dont on est assez heureux ici pour n'avoir pas même l'idée; de ces scélérats consommés qui semblent ne respirer que le crime et le vice, et être inaccessibles à tous remords; je sais que le nombre des criminels y est effrayant; que les difficultés pour les emplacemens, pour le travail, y sont multipliées;

mais le principe de justice exacte, de politique
sage, qui ne permet d'ordonner la mort que de
ceux dont la vie est un continuel danger pour
la société, n'en doit pas moins être écouté, non
en lui donnant la large interprétation que jusqu'ici lui ont donnée toutes nos jurisprudences,
mais en le suivant avec rigidité, en tentant tous
les moyens de rendre cette peine de mort inutile
pour la société. Je ne suis pas loin de penser
que cette peine capitale peut être réduite à
punir les coupables de haute trahison au premier degré, les chefs d'un parti, quand la seule
idée de leur destruction peut ramener le calme,
tandis que la connaissance de leur existence,
même dans les fers, alimente et exalte la sédition. Punir de mort, fût-ce pour un meurtre
prémédité, est toujours une vengeance quand
le criminel peut être gardé avec sûreté, et que
l'on peut se flatter de son amendement. Cette
idée, je le sens, révoltera quelques lecteurs :
mais si l'on y réfléchit, peut-être s'y accoutu-
mera-t-on, en pensant sur-tout que le meurtre
n'est pas généralement un penchant, une habitude, comme le vol, par exemple; que par conséquent l'amendement du coupable peut plutôt
être espéré. Quant aux criminels détenus, avec
des moyens bien étudiés, bien suivis, avec une

constance à toute épreuve, avec une graduation
bien réfléchie dans le passage du système actuel
à un nouveau, je pense que l'on peut, même
en Europe, se flatter du succès.

Quand on demande ici aux promoteurs de ce
nouveau système, comment il se peut que les
convicts aient la contenance et la conduite qu'on
leur voit, ils répondent: N'avez-vous pas vu à
Londres, à Paris, des lions dans la gueule desquels les hommes qui les faisaient voir met-
taient leurs têtes? N'avez-vous pas vu à Philadelphie des panthères que des enfans condui-
saient sans les museler, et qu'ils tenaient dans
leurs bras? Pourquoi donc renoncerait-on à
apprivoiser des hommes?..... Ils pourraient dire
aussi que le docteur Hunter, d'Yorck en Angleterre, est celui de tous les médecins qui a le
plus guéri de fous, et son principal moyen était
d'ôter promptement les fers même aux furieux,
d'aider par la douceur au retour de leur raison;
et rien ne doit choquer dans la comparaison
d'un fou avec un criminel (1).

Il ne faut que trouver des hommes qui se dé-

______

(1) Ces moyens de douceur ont été considérablement
étendus et perfectionnés en France, dans le traitement
de l'aliénation mentale, par le respectable docteur Pinet,
médecin de l'hospice de la Salpêtrière.

vouent sans relâche à cet important essai; et il s'en trouvera sans nombre en Angleterre, il s'en trouvera en France. Si ce dernier État présentait avant la révolution plus de corruption peut-être que beaucoup d'autres; si depuis la révolution il a montré plus d'atrocités, d'horreurs qu'à peine on en pouvait imaginer, il a toujours existé, il existe et il existera toujours au milieu de cette corruption et de ces crimes, des hommes d'une vertu pure, entreprenante, courageuse, prêts à tout faire pour le bien de l'humanité. Les sentimens de philanthropie n'y sont pas seulement dans les livres de ce qu'on appelle les philosophes; ils sont profondément dans le cœur de beaucoup d'hommès, et n'attendent, pour se montrer avec utilité, qu'un sage gouvernement qui leur en donnerait ou qui leur en laisserait les moyens. Quelques hommages rendus à la vertu, non de ceux obtenus par l'intrigue ou dérobés par l'hypocrisie (ceux-là ne peuvent que propager le vice), mais de ceux réellement donnés aux citoyens qu'une bonne conduite en montre dignes, feront connaître beaucoup d'hommes estimables, développeront le germe de vertu dans beaucoup d'autres. Celui qui se sacrifie pour le bien, qui consacre sa vie pour l'humanité, désire encore

que l'on sache qu'il n'est pas un homme inutile ni commun ; il n'a pas besoin d'autres récompenses, mais il veut celle-là. Si ce besoin
est une faiblesse de la nature humaine, cette
faiblesse même est utile à la société; et il est du
devoir d'un bon gouvernement de la caresser :
car cette récompense, décernée à la vertu, lui
vaudra encore des imitateurs.

Aucun gouvernement ne sera sans doute arrêté par les dépenses, quelles qu'elles soient ,
que pourrait coûter cette réforme de la peine
de mort, tant pour l'amélioration des prisons
qui en est la base, que pour l'entretien des prisonniers arrachés ainsi à l'inutilité, et par conséquent à l'injustice du supplice. D'abord cette
dernière dépense ne serait que temporaire ;
mais, fût-elle perpétuelle et considérable, quel
gouvernement tant soit peu éclairé peut aujour-
d'hui méconnaître que la conservation des hommes, que l'amendement des coupables est son
devoir le plus positif? qu'il est coupable lui-
même de tous les crimes que sa négligence ou
son imprévoyance peut laisser commettre? que
le droit de la société sur lui est impérieux et
imprescriptible , et qu'ainsi il n'est ni un
moment à perdre ni une dépense à épargner
pour faire à la société réparation des torts que
depuis si long-temps elle éprouve à cet égard ?

Je ne prétends pas faire ici un traité de jurisprudence criminelle, ni de mœurs publiques,
ni même de philanthropie. Je me bornerai seulement à dire qu'aucune révolution capitale ne
peut avoir lieu en Europe pour la diminution
des crimes, que par l'éducation, qui, répandue
dans toutes les classes, imprimera à la généra-
tion naissante la connaissance de ses devoirs,
et fournira des moyens de s'y maintenir. Le
plus grand nombre des criminels, dans tous les
États de l'Europe, se trouve dans la classe la plus
privée de l'éducation, d'instruction, et de celle
de l'exemple, aussi puissante au moins que la
première ; et l'Écosse, où l'éducation est plus
répandue que dans aucun autre pays de l'Europe, est, de tous, celui où il se commet le moins
de crimes. Les tables qui se trouvent dans l'ouvrage d'Howard attestent que dans ce royaume,
peuplé d'environ un million six cent mille âmes,
cinquante-huit accusés seulement ont été condamnés à mort dans l'espace de vingt ans, ce
qui ne fait pas tout-à-fait trois par an ; tandis
que dans le même cours de temps et dans le
circuit de Norfolk en Angleterre, composé de
six provinces, dont on ne peut estimer la population à plus de huit cent mille âmes, quatre
cent trente-quatre ont été condamnés à mort,
indépendamment de huit cent soixante-qua-

torze condamnés à la déportation ; ce qui fait un terme moyen par an, de soixante-six grands criminels.

Dans les États de la Nouvelle-Angleterre, où, à celui de Rhode-Island près, les mœurs concourent si efficacement à rendre l'éducation commune à toutes les classes de citoyens , il y a moins, beaucoup moins de crimes, comparativement à la population, que dans aucun autre État de l'Amérique, où le système de jurisprudence et de prison n'est pas changé, quoiqu'il y en ait encore plus qu'en Pensylvanie, ou l'éducation est beaucoup moins mise à la portée de toutes les classes , mais où le code pénal est plus doux, et le régime des prisons plus exact, plus sévère et plus juste. Et dans ce dernier État, sur dix *convicts,* plus de sept sont étrangers, sur-tout Irlandais , qui , n'apportant de chez eux que pauvreté, ignorance , habitude d'oisiveté, apportent ainsi le germe de tous les crimes; germe qui se développe toutefois moins ici qu'ailleurs, parce que le travail y étant à un très-haut prix, et la possibilité de devenir propriétaire très-facile, un homme, pour peu qu'il soit laborieux, ne sent pas le besoin, et que, apportât-t-il une inclination prononcée pour le crime , il est rappelé par l'aisance à l'amour de l'ordre et à une conduite régulière : les exemples de cette espèce sont multipliés ici. Et, en Pensylvanie, les criminels indigènes sont, comme par-tout ailleurs, de la classe la plus dénuée d'éducation (1).

Ces faits sont vrais, authentiques : peuvent-ils laisser douter de la route à suivre par-tout, pour la diminution des crimes et des succès qu'on peut en espérer?

J'ai dit que le nouveau régime des prisons à Philadelphie ne s'étendait encore que sur les *convicts* : des obstacles, dont le détail ne trouve pas sa place ici, ont empêché jusqu'à présent de l'appliquer aux autres classes de prisonniers.

------

(1) Samuel Crampe, *dans un Essai sur les meilleurs moyens de fournir du travail au peuple*, mémoire qui a remporté, en 1793, le prix de l'Académie royale d'Irlande, obligé de convenir que le peuple irlandais est enclin à la paresse, à l'ivrognerie, au tumulte, et que les vols sont beaucoup plus communs encore en Irlande qu'en Angleterre, trouve les causes de ces défauts du caractère du peuple irlandais, dans l'oppression sous laquelle il gémit depuis les siècles les plus reculés, et qui, quoique sous d'autres formes, ne pèse pas moins aujourd'hui sur lui, et dans le peu de protection qu'il reçoit des lois. Il prouve que cette oppression produit en lui la paresse, l'apathie, etc., et le conduit à une pauvreté extrême ; cause plus prochaine, mais qui n'est qu'une conséquence nécessaire des défauts qui lui sont reprochés. Il met aussi au premier rang de ces causes malfaisantes, le manque total d'éducation pour le peuple irlandais.

Sans doute ces obstacles seront promptement levés; ils présentent moins de difficultés qu'aucun de ceux dont on a si heureusement triomphé, et les vices de l'ancien régime auxquels ces prisonniers sont actuellement livrés, deviennent plus hideux encore à côté du régime vraiment admirable qui gouverne aujourd'hui les *convicts*. En attendant, ces prisonniers séparés par classe, selon le motif de leur détention, sont nourris de *pudding* et de légumes; l'Union, l'État, le Comté ou la personne qui les fait arrêter, paye un schelling par jour pour leur pension. Il serait fort à désirer qu'ils pussent être mis dans une prison tout-à-fait distincte, les *convicts*, c'est-à-dire, les prisonniers par jugement pour crimes constatés, ne devant être mêlés avec ceux d'aucune autre espèce, ni par la nature différente de leur situation, ni pour le bénéfice de leur amendement, ni pour les égards dus aux détenus qui ne sont pas jugés criminels.

Il n'est pas moins important de voir disparaître du régime nouveau des prisons, la distinction humiliante avec laquelle sont traités les hommes de couleur, condamnés pour les mêmes crimes et par les mêmes tribunaux que les blancs. Est-ce un hommage que les inspecteurs veulent rendre à l'opinion, dans un pays où l'esclavage n'est pas encore entièrement aboli? On le conçoit difficilement, quand on voit qu'ils appartiennent presque tous à la société qui plaide en faveur de l'abolition de l'esclavage des noirs; on le conçoit moins encore, quand on voit dans le régime des prisons tant de preuves de leur humanité et de leur justice; et cependant cette conduite est une offense évidente à l'une et à l'autre.

Le local et les distributions de la prison de Philadelphie peuvent aussi être susceptibles d'amélioration, sur-tout d'agrandissement, peut-être aussi d'une plus grande sûreté; mais leur imperfection, à laquelle d'ailleurs on s'occupe de remédier, donne un mérite de plus au bon ordre et à la salubrité qui y règnent. Dès l'année 1800, l'état de Pensylvanie a fait construire à Philadelphie une nouvelle prison qui ne laisse rien à désirer pour l'étendue et les distributions.

Puissent les inspecteurs des prisons continuer l'exacte surveillance, la vigilance de tous les momens qu'ils exercent et font exercer par leurs subdélégués! L'effet commun des succès est d'augmenter la confiance jusqu'à l'excès, et par conséquent de diminuer la rigueur des soins. Cette négligence entraînerait bientôt de grands désordres dans la prison, et ces désordres nuiraient peut-être irrévocablement au maintien

TABLEAU DU NOMBRE ET DE L'ESPÈCE DES CONVICTS,

Pendant les quatre dernières années de l'ancien système et les quatre premières du nouveau.

NOMBRE des Convicts — *De la ville et du comté de Philadelphie* (Hommes / Femmes) et *Des autres parties de l'État*

ÉPOQUES	Hommes	Femmes	Des autres parties de l'État
ANCIEN SYSTÈME.			
De janvier 1787, à mai 1788.	163	23	··
De mai 1788, à mai 1789	95	10	8
De mai 1789, à mai 1790	108	20	6
De mai 1790, à juin 1791	114	39	8
TOTAUX	480	92	22
NOUVEAU SYSTÈME.			
De juin 1791, à juin 1792	44	12	9
De juin 1792, à juin 1793	25	17	19
De juin 1793, à juin 1794	40	10	11
De juin 1794, à mars 1795	35	14	7
TOTAUX	144	53	46

CRIMES pour lesquels ils ont été condamnés.

ÉPOQUES	Assassinat	Mort d'hommes	Vol de grands chemins	Bris de maisons	Vol	Faux	Fausse monnaie	Délits du petit criminel 1er deg	2e deg	Recele de vol 1er deg	2e deg	Vol de chevaux	Escroquerie	Bigamie	Attentat à la vie d'autrui	Recele de convicts	Lieux de débauche
ANCIEN SYSTÈME.																	
De janvier 1787, à mai 1788.	·	·	20	20	122	5	··	2	6	7	··	··	·	··	1	··	3
De mai 1788, à mai 1789	·	·	5	24	57	··	··	··	4	9	2	4	··	··	5	2	1
De mai 1789, à mai 1790	6	·	10	15	82	··	5	2	5	3	5	1	5	··	··	··	2
De mai 1790, à juin 1791	5	·	4	20	113	··	5	··	··	7	1	5	·	1	··	··	4
TOTAUX	9	·	39	77	374	5	6	4	13	26	8	10	3	1	6	5	10
NOUVEAU SYSTÈME.																	
De juin 1791, à juin 1792	··	1	2	2	42	7	··	1	··	··	1	7	2	··	··	··	··
De juin 1792, à juin 1793	··	2	1	11	40	··	1	··	1	1	2	1	1	··	··	··	··
De juin 1793, à juin 1794	1	··	2	··	54	5	1	2	··	··	1	15	··	··	2	··	··
De juin 1794, à mars 1795	1	··	1	··	47	2	··	··	··	1	4	··	··	··	··	··	··
TOTAUX	··	5	3	16	163	10	4	5	1	1	5	27	5	··	··	2	··

CE QU'ILS SONT DEVENUS.

ÉPOQUES	Pendus	Morts de maladie	Tués dans une querelle	Qui ont brisé la geôle	Echappés	Pardonnés	Jugement accompli	Envoyés à la maison de travail	Déchargés à condition d'être bourreaux	Envoyés à l'hôpital pend. la fièv. jaune (Malades.)	(Gardes mal.)	Actuellement en prison
ANCIEN SYSTÈME.												
De janvier 1787, à mai 1788.	3	3	1	30	26	57	37	2	··	··	··	··
De mai 1788, à mai 1789	2	1	··	22	5	25	29	··	2	··	··	··
De mai 1789, à mai 1790	3	1	··	14	6	33	56	··	1	··	··	··
De mai 1790, à juin 1791	··	2	··	5	7	67	45	1	··	··	··	··
TOTAUX	8	7	1	71	44	182	107	5	3	··	··	··
NOUVEAU SYSTÈME.												
De juin 1791, à juin 1792	··	··	··	··	··	4	42	15	··	··	··	··
De juin 1792, à juin 1793	··	··	··	··	··	1	21	28	··	··	··	4
De juin 1793, à juin 1794	··	··	··	··	··	3	22	1	··	6	5	31
De juin 1794, à mars 1795	··	··	··	··	··	1	3	1	··	··	··	55
TOTAUX	2	··	2	··	··	9	88	45	··	6	5	90

LIEUX DE NAISSANCE.

ÉPOQUES	Des pays étrangers	Américains — De Pensylvanie	Américains — Du reste des États-Unis	Nègres — Américains	Nègres — Etrangers	Patrie inconnue
ANCIEN SYSTÈME.						
De janvier 1787, à mai 1788.	94	20	10	5	21	36
De mai 1788, à mai 1789	53	21	21	3	9	6
De mai 1789, à mai 1790	84	15	8	··	13	14
De mai 1790, à juin 1791	90	15	19	2	22	13
TOTAUX	321	71	58	10	65	69
NOUVEAU SYSTÈME.						
De juin 1791, à juin 1792	37	7	7	4	8	2
De juin 1792, à juin 1793	27	5	4	6	9	10
De juin 1793, à juin 1794	32	··	7	10	2	10
De juin 1794, à mars 1795	39	5	1	7	3	1
TOTAUX	135	17	19	27	22	23

en Amérique, et à l'établissement en Europe, de ce système juste, doux, bienfaisant de jurisprudence criminelle et de gouvernement des prisons. Les innovations pour le bien ont toujours des ennemis si acharnés dans la malice, l'irréflexion et sur-tout l'ignorance, que ceux qui travaillent pour le bien de l'humanité ne peuvent prendre trop de précautions pour ne pas leur donner des armes.

RÉCAPITULATION DE LA TABLE.

CRIMES ET DÉLITS.	Sous l'ancien système.	Sous le système actuel.
Assassinat	9	»
Mort d'homme	»	5
Vol de grands chemins	39	3
Bris de maison	77	16
Vol	374	163
Faux	5	16
Fausse monnaie	6	4
Délits du petit criminel 1er. deg	4	3
Délits du petit criminel 2e deg	13	1
Recélé de vol 1er. deg	26	1
Recélé de vol 2e deg	6	5
Vol de chevaux	10	27
Escroquerie	3	3
Bigamie	1	»
Attentat à la vie d'autrui	6	»
Recélé de convicts	5	»
Lieux de débauche	10	2
TOTAL	594	243

Observations sur le Tableau précédent.

1°. Dans les quatre premières de ces huit années, la ville et le comté de Philadelphie fournissaient seuls aux prisons. Dans les quatre dernières, tout l'État de Pensylvanie y envoya ses condamnés.

2°. Parmi les trois cent vingt-un étrangers blancs *convicts* dans les quatre premières années, cent trente-un étaient Irlandais, quatre-vingt-quatre Anglais ou Ecossais. Dans les quatre dernières, parmi les cent trente-cinq blancs étrangers, quatre-vingt-douze sont Irlandais, dix-neuf Anglais ou Écossais. Les Irlandais composent donc, dans les deux époques, plus des deux tiers des étrangers, et presque la moitié de la totalité des prisonniers, en y comprenant même ceux dont la patrie est inconnue, et dont un certain nombre est sans doute Irlandais.

3°. Dans les quatre premières années, soixante-treize criminels ont été condamnés de nouveau, et quelques-uns jusqu'à cinq à six fois; tandis que seize seulement, appartenans au régime de ces quatre années, l'ont été dans le nouveau. — On a su que six ou sept avaient été pendus dans les autres États de l'Union. On n'a pas entendu parler des autres. Cinq seulement

des *convicts*, appartenans au nouveau régime ,
ont été condamnés de nouveau , tous pour des
délits légers ; trois étaient nègres, deux blancs.

4°. Dans l'ancien comme dans le présent
régime , les crimes sont plus multipliés, sans
aucune proportion , dans Philadelphie et ses
environs.

L'état ci-dessus est le relevé du livre des prisons de Philadelphie, où le schérif a ordre, par
la loi, de renvoyer tous les condamnés de l'État,
sous sa responsabilité. Comme les crimes de
rapt , de meurtre de toute nature, d'incendie,
de trahison, étaient punis de mort jusqu'en
l'année 1793, il se peut que quelques criminels
de cette sorte aient été pendus pendant les sept
années précédentes dans les autres Comtés ;
mais le nombre ne peut en être que petit : quant
aux crimes de trahison, ceux de l'insurrection
de Pittsburg, en octobre 1794, sont les seuls
dont on ait entendu parler depuis long-temps.

Je finirai en répétant que sans doute l'état de
la société en Europe ne peut être entièrement
comparé à l'état de la société en Amérique,
particulièrement dans le rapport des crimes,
puisque, dans presque tous les États de l'Europe, la surabondance de population rend la

subsistance de beaucoup d'hommes incertaine, et que la longue habitude des crimes y rend les crimes plus fréquens, plus méchamment, plus artificieusement combinés, les criminels plus scélérats ; tandis qu'en Amérique, le manque de population assure à tous les hommes qui y sont et qui y viendront, pour bien long-temps encore, la subsistance, l'aisance, et même la richesse en raison de leur industrie. Mais cette longue habitude des crimes, cette perpétuité de scélératesse dans les mêmes hommes, en Europe, appartient en grande partie aux jurisprudences criminelles, aux codes pénaux, aux gouvernemens eux-mêmes, qui influent toujours d'une manière plus ou moins directe sur les actions, et, plus que tout, sur l'habitude des gouvernés. La différence évidente du résultat des deux systèmes de pénalité et d'emprisonnement en Pensylvanie, différence avouée par tous les habitans de l'Etat, sur-tout la différence dans le nombre des criminels condamnés de nouveau après une première détention, est une preuve incontestable de cette vérité : tout doit donc, je le répète, encourager l'Europe à suivre ce grand exemple.

Peut-être, et probablement même les résultats

pareils y seront-ils plus longs à obtenir; peut-être ne s'obtiendront-ils jamais aussi complets qu'ils le sont ici ; mais on ose assurer qu'ils étonneront même les hommes généreux qui en tenteront l'essai, s'ils l'entreprennent avec courage, persévérance et détermination. C'est au gouvernement à choisir ces hommes et à leur donner des moyens.

AVRIL 1797.

Deux années se sont écoulées depuis que je n'ai visité les prisons de Philadelphie, dont cependant je n'ai pas perdu de vue les progrès. Les bons effets du système qui y est adopté ne se sont pas démentis. Aucun *convict* sorti de cette prison, n'y a été condamné pour de nouvelles fautes. On sait à-peu-près ce qu'ils sont tous devenus. Ils sont ouvriers paisibles, laborieux, et ne donnent aucun scandale dans les différentes parties de l'État qu'ils habitent. Deux seuls prisonniers sont morts dans la prison, depuis deux ans, et l'un d'eux par un accident.

L'établissement, pendant ce temps, a reçu encore quelques améliorations dans ses bâtimens et dans son régime. Le local est tellement circonscrit par les rues environnantes, qu'il reste toujours trop petit pour sa destination ; mais il est arrangé plus commodément. Un bâtiment demi-circulaire, élevé au milieu de la cour, contient, à son premier étage, tous les ateliers qui occupaient précédemment le front de la maison. De grands hangars très-aérés, au-dessous de ces ateliers, servent au sciage du marbre et aux autres ouvrages grossiers et bruyans : ils sont séparés entre eux. La manufacture de clous, très-étendue, a aussi son bâtiment séparé. Les *convicts* ne sont donc plus exposés à la rigueur terrible des gelées, ni à l'ardeur dévorante du soleil.

Le milieu de la cour, dégagé de tous les ateliers et de tous les matériaux qui l'obstruaient, laisse à l'air une circulation plus libre ; la salubrité du local gagne donc beaucoup par le nouvel arrangement : l'ordre en est aussi plus facile à maintenir. Les *convicts*, travaillant tous dans la même cour, rapprochés les uns des autres, avaient des occasions continuelles de s'entendre, au moins par signes, et de comploter ; leur rapprochement trop immédiat était de quelque obstacle à leur amendement, et aurait produit quelques désordres, si la vigilance des inspecteurs et des employés de la prison eût été moins active.

Le nouveau bâtiment est éloigné des murs d'enceinte, qui sont eux-mêmes plus élevés qu'ils ne l'étaient précédemment. Les *convicts* n'ont donc aucun moyen de communication avec l'extérieur ; et l'on s'aperçoit déjà aussi que, réunis en moins grand nombre dans les mêmes ateliers, plus distans entre eux, ils font plus d'ouvrage.

Les ateliers déplacés de l'ancienne partie de la maison qu'ils occupaient, ont laissé plus de place pour les dortoirs, dont chacun contient ainsi moins de lits.

Les prisonniers pour fait de police ou détenus en attendant leur jugement, ne sont plus, comme ils étaient il y a deux ans, entassés dans un étage bas et malsain, et livrés à l'oisiveté : leur logement est augmenté de l'étage supérieur à celui auquel ils étaient réduits. Le local est encore étroit pour leur nombre ; mais la grandeur de la maison ne permet pas de l'étendre davantage. D'ailleurs cette prison ne doit, dans sa destination, être que celle des *convicts*, et il est à désirer que toute autre espèce de prisonniers en soit promptement éloignée : on s'en occupe. En attendant, ceux qui ne sont pas *convicts* participent à l'ordre admirable qui place les prisons de Philadelphie au premier rang des établissemens utiles et bienfaisans. Ces prisonniers étant généralement détenus pour un temps fort court, ne sont employés qu'à des ouvrages faciles, comme le nettoiement de l'étoupe, du crin, etc., etc. L'État, la ville ou ceux qui ont provoqué leur emprisonnement, continuent de payer leur entretien à l'établissement de la prison ; mais celui-ci tient compte aux prisonniers du produit de leur travail, quelque modique qu'il soit. Ils ne doivent pas être mêlés avec les *convicts* ; ils travaillent donc, et mangent à part dans de grandes salles en avant de leurs dortoirs. Le cuisinier qui prépare les alimens des *convicts*, prépare aussi les leurs, qui consistent en du bouillon, des légumes, du *mais* et du pain. Cette nourriture est suffisante pour eux, parce que leur travail est peu fatigant. Leur détention n'est d'ailleurs qu'un état de passage. La viande dont a été fait leur bouillon est donnée aux *convicts* qui, occupés à des travaux plus pénibles, ont besoin d'une nourriture plus substantielle : leur détention étant d'ailleurs de plus longue durée, ce petit bien-être, ne fût-il pas absolument indispensable à l'entretien de leurs forces, serait encore une douceur que les inspecteurs ne voient aucun inconvénient à leur procurer.

Les nègres ne sont plus, à l'heure des repas, séparés des *convicts* blancs ; mais les inspecteurs, en les faisant manger à la même table, ont plutôt cédé à la honte des reproches qui leur étaient faits à cet égard, qu'écouté les sentimens de justice qu'on a tant de droit d'attendre d'eux.

Cette honte n'a même pas triomphé encore entièrement du préjugé qui les environne, et
qu'ils n'ont pas eu la force de surmonter tout-
à-fait. Les nègres mangent bien à présent à la
même table que les blancs, mais ils sont tous
réunis à l'un des bouts : ce sont eux qui font
les petits services de la table et tous ceux de
la maison, qui ne sont jamais faits par les
blancs; et ils les font sans salaire. Espérons que
le temps donnera à ces inspecteurs un peu plus
de philosophie sur ce point, et que cette petite
faiblesse disparaîtra de leur conduite si respectable d'ailleurs, et si faite pour leur mériter
la reconnaissance de tout ce qui honore l'humanité et la vertu.

Aucune amélioration n'est encore faite, ni
même est encore crue possible pour les prisonnières, soit *convicts*, soit détenues pour in-
conduite. Le petit nombre de ces prisonnières
et l'étroit du local rendent sans doute très-diffi-
ciles à établir dans cette partie, le même ordre,
le même travail profitable, la même perfection
qui est dans l'autre. Il faut se fier à la sagesse,
à l'intelligence, au bon esprit des inspecteurs
pour vaincre ces obstacles; ils trouveront, avec
le temps, les moyens de les surmonter, quelque grands qu'ils soient.

Le seul écueil pour eux est toujours la trop grande disposition à l'indulgence. Le principe en est estimable, mais les conséquences en sont dangereuses. En ne croyant plus avec trop de facilité à l'amendement du criminel, en lui faisant subir avec exactitude la durée prononcée de son *solitary confinement*, ils assureront davantage cet heureux changement : ils s'aperçoivent de cette nécessité, car déjà ils ont eu à se repentir de leur trop de confiance. Mais comme ils veulent le bien, qu'ils ne pensent qu'au bien, qu'ils y dévouent leur temps, qu'ils négligent souvent, pour l'opérer, leurs affaires personnelles, ils seront, par leurs propres observations, ramenés à cette exacte sévérité qui répugne à leurs dispositions douces et bienfaisantes ; ils reconnaîtront qu'elle est un bienfait pour les *convicts* eux-mêmes, et pour la société toute entière.

Au demeurant, la jurisprudence de Pensylvanie, et avec elle le système de la conduite des prisons qui en est le soutien, s'étend dans l'Amérique-Unie. Les États de *New-Yorck*, de *Jersey*, de *Maryland*, de *Virginie*, l'ont déjà entièrement adopté. Sans doute ils seront suivis en peu de temps par les autres États dans cette honorable imitation.

Je joins ici l'état des dépenses des prisons de Philadelphie, tel que les inspecteurs l'ont présenté, le mois de mai dernier, à la législature de l'État de Pensylvanie : il prouvera aussi la sagesse et l'utilité de cette administration dans le rapport économique. On y verra avec plaisir l'exemple d'une prison qui ne coûte rien à l'État, et qui satisfait à tous les genres de dépense qu'elle occasionne par le travail des prisonniers, qui n'en sortent jamais eux-mêmes sans emporter la propriété d'une somme plus ou moins considérable.

EXTRAIT

DU JOURNAL DE LA CHAMBRE DES REPRÉSENTANS DE L'ÉTAT DE PENSYLVANIE.

Mercredi, mars 22 — 1797.

Le message du gouverneur, relatif à la prison pour les *convicts*, lu le 16 du courant, a été relu une seconde fois; sur quoi, d'après la motion de M. *Shoemaker*, appuyée par M. *Hulme*, il a été ordonné que les rapports suivans des inspecteurs de la prison, joints audit message, seraient imprimés dans le journal de la chambre.

A THOMAS MIFFLIN, gouverneur de l'État de Pensylvanie.

« L'État imparfait de nos lois criminelles et du gouvernement des prisons » a empêché jusqu'ici les inspecteurs de la prison pour la ville et comté de » Philadelphie, de présenter ici, dans leur capacité officielle, rien de relatif » aux opérations de ces lois ou de cet établissement. Mais ils regardent aujourd' » d'hui comme un devoir qu'ils ont contracté envers eux-mêmes et envers l'é- » blissement dont ils sont chargés, de mettre sous les yeux de la législature » un état des opérations préliminaires pour les deux dernières années.

» Nous appuyant sur cet état, et des conséquences bien reconnues avan- » tageuses du système actuel, tant pour le bien de la société que pour celui » des détenus, nous allons faire les remarques nécessaires pour donner plus » de clarté à cette matière.

» On sait que les difficultés inséparables de l'établissement d'un système » absolument nouveau retardent les bons effets de ceux qui sont les mieux » combinés. Ce n'est généralement que long-temps après le commencement » d'un pareil essai, que l'on peut s'attendre à y trouver des avantages écono- » miques. Il faut ajouter, dans la circonstance actuelle, aux autres désavan- » tages ordinaires, le peu d'espérance qu'on avait de trouver, pour diriger cet » établissement, des hommes qui pussent y donner entièrement leur temps » (et c'étaient cependant les inspecteurs qui devaient être chargés de la plus » grande partie des affaires), de trouver des travaux convenables aux criminels, » et de surveiller l'arrangement des bâtimens et distributions. Ainsi on devait » attendre, du temps seulement, que l'achèvement du système général pro- » duirait un revenu capable de soutenir l'établissement. On ne peut oublier » que l'enfance du système jusqu'en l'année 1795, et le dérangement général » occasionné par les malheurs de cette même année (la fièvre jaune), ont été » tout espoir de bénéfice. Nous avons donc pris le 1er. novembre 1794 pour » la date première de nos comptes.

» A cette époque, tous les effets de la prison à la disposition du bureau

	Dls.	Cts
» montaient à la médiocre somme de.		1210 : 72
» Depuis, les commissaires ont, par leur trésorier, avancé, » comme il est établi dans leur compte.	18895 : 12	
» Et un mémoire du médecin accepté, de.	261 : 73	
	19156 : 85	
Faisant un total de.		20367 : 57

» Mais la somme de 3989 dollars et 74 cents, quoique reçue, » n'a été payée qu'en acquit des marchés faits pour provi- » sions, etc. antérieurement à cette époque. La somme de » 2675 dollars 62 cents, chargée par les commissaires pour » réparations, ne doit pas non plus être considérée comme » une dépense des prisons dans le compte courant de ces deux » années : de quelque nécessité qu'elles aient été, elles ne » changent rien aux dépenses résultantes du nouveau système.

» Les deux sommes font ensemble. . . . . 6665 : 36

» De sorte que le fonds actif n'a réellement pas été de plus de... 13702 : 21

» Le 31 octobre dernier, ils firent le compte du capital à déduire » des dettes et effets appartenans à la prison, et trouvèrent le » montant de. . . . . 16743 : 16

» Tous les effets étant calculés au prix qu'ils furent achetés, qui » parait être de 3040 dollars 95 cents de plus que la totalité » des avances réelles faites par le comté pendant ces deux » années, y compris les fonds de 1794, et formant pour ces » deux ans un profit net à l'avantage de l'établissement, déduc- » tion faite des dépenses pour gardiens et autres charges, la » totalité des dépenses de la prison pendant ce temps se monte, » comme il est établi dans le compte, à. . . . . 30569 : 30

» Laquelle somme ajoutée au capital ci-dessus. . . . . . 16743 : 16

Forme un total de. . . . . 47312 : 46

» En en déduisant les fonds de novembre 1794, et les avances » faites par le comté, qui sont de. . . . . 13702 : 21

» Il reste une balance de 33610 dollars 25 cents qui ont été payés » à la prison sur quittances. . . . . 33610 : 25

» Il a été fait aussi un état sommaire des recettes et dépenses des deux dites

» années, qui indique les moyens par lesquels les dépenses de l'établissement » ont été soldées sans aucun autre secours : ces sommes se montent à 33610 » dollars 25 cents, comme il a été mentionné ci-dessus.

» La manière courte et précise dans laquelle cet extrait est présenté, rend » toute explication inutile; il convient cependant de faire voir que le travail » des criminels, la vente du plâtre de Paris, des bois de campêche et étoupe, » les fonds en caisse ou en magasin au 1er. novembre 1794, et les avances » faites par le comté, font un total de recettes, dans ces deux années, de » 50909 dollars 71 cents, et que les dépenses, comprenant les comptes de » la prison, les fonds en mains au 1er. novembre 1796, et pour l'entretien » des prisonniers, ainsi qu'elles ont été portées ci-dessus, montent » à. . . . . 47312 : 46

» A quoi il faut ajouter pour matières premières, bouts de corde » pour faire l'étoupe, bois de campêche pour faire des copeaux, » et les ventes en détail, plâtre de Paris en pierre pour moudre, » et machines employées pour la filature et tissage, enfin outils » de charpentier, etc. . . . . 3597 : 25

Total comme ci-dessus . . . . 50909 : 71

» Nous soumettons ainsi d'une manière aussi précise qu'analogue à la nature » du sujet, à l'inspection de la législature, le compte des opérations pécu- » niaires de l'établissement dont le soin nous a été confié : on y trouvera que, » déduction faite de toutes les dépenses et de la valeur estimée au plus bas » prix des marchandises en magasin, il a été fait une épargne de 3040 dollars » 95 cents; et ce résultat donnera, comme nous l'espérons, autant de satis- » faction aux amis de l'humanité, qu'il est démontré avantageux à la société » et à ce système nouveau, qui est si digne des soins et de l'intérêt du public.»

Philadelphie, mars 9 — 1797.

CHARLES SHOEMAKER.   ROBERT WHARTON.
ANTHONY CUTHBERT.   CALEB LOWNES
DANIEL THOMAS.   ROBERT RALSTON.
RICHARD TUNIS.   JOHN SHYRIN.
SAM. POWEL GRIFFITH.   CALEB NORTH.
RICHARD H. MORRIS.   JOHN CONNELLY.

COMPTE DES RECETTES ET DÉPENSES DE LA PRISON DE LA VILLE ET COMTÉ DE PHILADELPHIE.

La ville et le comté de Philadelphie en compte avec la prison desdites ville et comté, pour la garde et l'entretien des prisonniers.

Du 1er. novembre 1794 au 1er. novembre 1796.

DOIT.

	Dlls.	Cts.	Dlls.	Cts.
Montant des provisions appartenantes à la prison de Philadelphie, en magasin ce jour ; savoir :				
Bouts de corde et fil de caret..........	441	33		
Plâtre de Paris..........	270	»		
Bois de campêche..........	730	»		
Lin, étoupe, fil et linge..........	719	63		
Cuirs et souliers..........	30	»		
Scies à sable pour scier le marbre..........	155	17		
Clous fabriqués, fer pour les clous, et machines pour couper et former la tête des clous..........	4756	7		
Meubles de la cuisine et des docteurs des criminels..........	1209	77		
Dettes de plusieurs personnes à la prison, déduction faite de ce qu'elle doit elle-même sur les mémoires courans.......... 7018 : 25				
Dettes des criminels présentement en prison, pour fourniture des hardes et provisions, 1112 : 97	8431	22		
Total des fonds provenans des dettes et effets.....			16743	16
Sommes payées pour les provisions et pour honoraires des gardiens.				
Depuis le 1er. nov. 1794 jusqu'au 1er. nov. 1795, 10445 : 83				
Depuis le 1er. nov. 1795 jusqu'au 1er. nov. 1796, 12163 : 48			22609	31
Sommes payées pour l'achat des étoffes et pour façons d'habits des prisonniers.				
Du 1er. nov. 1794 au 1er. nov. 1795..... 2260 : 7				
Du 1er. nov. 1795 au 1er. nov. 1796..... 1894 : 48			4154	55
Achats des cuirs et façons des souliers des prisonniers.				
Du 1er. nov. 1794 au 1er. nov. 1795..... 418 : 9				
Du 1er. nov. 1795 au 1er. nov. 1796..... 519 : 49			937	58
Montant de plusieurs réparations à la prison, planches, toiture, mémoires de charpentiers, serruriers, etc.				
Depuis le 1er. nov. 1794 au 1er. nov. 1796......			317	84
Balance due par divers criminels de la ville et du comté, qui pour différentes causes n'ont pu suffire à leur entretien, et dont les comptes ont été balancés par profits et pertes, après avoir déduit les frais de procès.....			2116	42
Payé à divers prisonniers pour la balance de leur compte, lors de leur délivrance faite selon la loi.......			433	10
Total des dépenses de la prison, depuis le 1er. nov. 1794, au 1er. nov. 1796.........			30569	30
1er. novembre 1796.........			47312	46
Balance en faveur de la prison.........			33610	25

AVOIR.

Du 1er. Novembre 1794.

	Dlrs.	Cts.	Dlrs.	Cts.
Pour le montant des fonds existans actuellement..........			1210	72
Tout avances faites par le trésorier du comté, depuis le 18 nov. 1794 au 1er. nov. 1796, selon son compte..........	18895	12		
Mémoires du Médecin arrêtés, mais non payés.	261	73		
Total reçu de la ville et comté..........	19156	85		
N.B. Pour placer toutes les opérations sous un point de vue clair et précis, il est bon d'observer que l'on a payé plusieurs ordres sur le trésorier, après le 1er. nov. 1794 ; pour des objets achetés et employés avant le 1er. novembre 1794, pour une somme calculée.......... 3989 : 74				
L'on a aussi compris dans la somme ci-dessus de 19156 : 85, des dépenses faites pour les réparations et les changemens faits à la prison, que l'on ne peut regarder comme dépenses d'entretien ; elles se montent à.......... 2675 : 62	6665	36		
Somme réelle reçue pour l'entretien de la prison ; depuis le 1er. nov. 1794, au 1er. novembre 1796..........			12491	49
Total des fonds en caisse le 1er. nov. 1794, et argent reçu depuis..........			13702	21
Balance en faveur de la prison..........			33610	25
			47312	46

(Erreurs exceptées.)

Le comité chargé de faire un état des comptes de la prison de la ville et comté de Philadelphie pour deux ans, commençant le 1er. novembre 1794, le soumettent à l'examen de l'assemblée.

6 mars 1797.

Philadelphie, 12 février 1797.

B. WOOD, commis de la prison.

JOHN CONNELLY.
CALEB LOWNES.
SAM. POWEL GRIFFITH.

ÉTAT SOMMAIRE des Recettes et Dépenses de la Prison de la ville et comté de Phila[delphie].

Depuis le 1er. novembre 1794 jusqu'au 1er. novembre 1796.

DOIT.

	Dlls.	Cts.	Dlls.	Cts.
1er. nov. 1796.				
Ach. des marchandises en magasin.	16743	16		
Provisions, hardes pour les prisonniers, et réparations de la prison.			30569	30
Ach. de bouts de cordes, fil de caret, plâtre de Paris, outils, etc.			3597	25
			50909	71

AVOIR.

1er. novembre 1794.

	Dlrs.	Cts.
Montant des provisions en magasin ce jour.	[illegible]	
Reçu pour la vente des bois de campêche.	1862	67
Dito ..... Plâtre de Paris.	2658	30
Dito ..... fils de caret.	2629	95
Dito ..... fils, hardes, etc.	1723	34
Du travail des criminels employés à faire des souliers.	923	34
Dito ..... à scier le marbre.	6979	4
Dito ..... à nettoyer le coin et la mousse.	94	2
Dito ..... aux nouveaux bâtimens.	345	59
Dito ..... aux ouvrages de charpenterie.	385	59
Dito ..... à la manufacture des clous.	3344	90
Montant de diverses amendes payées à la prison par des prisonniers mis en liberté.	24	66
Pour la moitié réservée pour l'usage de l'établissement, sur les réglemens des comptes des prisonniers créanciers de la prison.	397	85
Montant des retenues faites aux prisonniers pour leur nourriture, et des sommes payées pour l'entretien des domestiques engagés échappés de leurs maîtres, et celle des prisonniers au compte des États-Unis.	1584	11
Reçu net du trésor du comté.	[illegible]	

Amsterdam (Sept. 1798.)

L'ÉCRIT qui a pour titre *des Prisons de Philadel-phie*, fait en 1795, annonçait déjà quatre années d'heureux succès, de la nouvelle jurisprudence criminelle de l'État de Pensylvanie, et du nouveau régime des prisons de sa capitale. Le court supplément dont cette édition est augmentée, y ajoute l'expérience toujours heureuse de deux années de plus; et les gazettes américaines du commencement de 1798 confirment encore pour une année postérieure les mêmes résultats.

Voilà donc une expérience authentique de sept années consécutives, par laquelle il est prouvé : 1°. que l'ordre public peut être maintenu daus un grand État, sans que la peine de mort soit employée pour la répression des crimes; 2°. que loin que le nombre des criminels soit augmenté par cette douceur de la loi, il est diminué; 3°. enfin que les mêmes individus qui, d'après l'ancienne jurisprudence, auraient, ou fini sur l'échafaud, ou été à jamais bannis de la société, ou qui n'y seraient rentrés que pour en être le fléau, en deviennent aujourd'hui, presque en totalité, membres utiles, et sont, par l'ensemble du nouveau système, ramenés à un amendement total qui les rend de bons citoyens.

Une satisfaction intime est le premier sentiment dont est pénétré l'homme qui ne peut plus méconnaître cette vérité; le second, qu'il éprouve promptement, est le désir que sa bienfaisante application ne soit pas confinée dans un seul coin du monde : il voudrait que toutes les nations y participassent; et comme il y voit un grand bien assuré pour l'humanité, il forme le vœu que sa patrie en donne le premier exemple; car c'est vers son bonheur que ses pensées sont plus particulièrement dirigées, et il lui veut encore la gloire de guider les autres nations dans la route qui conduit au perfectionnement de l'espèce humaine et à l'amélioration de sa condition.

L'histoire des jurisprudences criminelles et de leurs effets, dans tous les âges, apprend à celui qui veut y lire, que la rigueur des peines et la cruauté des supplices n'ont jamais opéré, au moins pour long temps, la diminution des crimes. *«Il se commettait moins de crimes à Rome, dit* Montesquieu, *sous les lois Valérienne et*

» *Porcia, que sous les lois royales et celles des*
» *douze tables.* » Le barbare supplice de la roue
n'a jamais diminué le nombre des crimes qu'il
menaçait; et, dans nos armées, on n'a pas re-
marqué que le nombre des déserteurs se soit
accru depuis que la peine de mort a cessé d'être
la punition de ce crime militaire. Depuis que
la peine de mort a été abolie en Russie par la
reine Élisàbeth, moins de grands crimes y ont
été commis. Le duc de Toscane, peu de temps
après la publication du traité des délits et des
peines, abolit la peine de mort dans ses États,
même pour le meurtre : cinq meurtres n'ont pas
été commis dans les vingt années suivantes,
tandis qu'à Rome, dans un climat à-peu-près
pareil, sous un gouvernement de même nature,
avec des mœurs généralement semblables et la
même religion, mais où la peine de mort était
celle des meurtriers, le terme moyen des meurtres
commis annuellement était de plus de cent. Il
est vrai aussi que les *lieux saints* y donnaient
asile aux criminels, que les grâces s'y obtenaient
facilement, et que l'espérance de l'impunité y
enhardissait au crime (1).

-----

(1) *Sir Morton Eden*, dans un ouvrage publié en 1796,
sur l'état des pauvres en Angleterre, ouvrage dans lequel

« *Qu'on examine ;* dit encore Montesquieu,
» *la cause de tous les relâchemens, on verra*
» *qu'elle vient de l'impunité des crimes, et non*
» *de la modération des peines.* » Et l'on sait que
les crimes pour lesquels la loi prononce la peine
de mort, ont, dans tous les pays du monde,
moins de dénonciateurs que ceux dont la peine
n'est point capitale ; que la pitié, heureusement
par-tout naturelle à l'homme, fait souvent
trouver au criminel que la conviction mènerait
à l'échafaud, des avocats dans le cœur de ses
témoins, quelquefois même dans celui de ses
juges. Combien d'hommes, sans aucune réflexion, et obéissant seulement à leur sentiment
intérieur, répugnent à concourir à la destruc-

---

il donne un aperçu rapide de l'état de la société depuis
la conquête, dit, en parlant des règnes d'Henri VIII et
d'Élisabeth : « Les écrivains qui soutiennent que la sévé-
» rité des peines n'est pas le meilleur moyen d'arrêter
» les crimes, sont entièrement justifiés par l'histoire de
» ces temps. Jamais d'aussi sévères lois, et en aussi grand
» nombre, n'ont été faites ni exécutées avec plus de
» rigueur, et jamais la vengeance inflexible de la justice
» n'a eu moins d'effet. *Harrisson*, dans sa *Description*
» *de l'Angleterre*, dit que le roi faisait exécuter ces lois
» de sang avec tant de sévérité, que, pendant son règne,
» soixante-douze mille voleurs, petits ou grands, ont été
» mis à mort. »

tion d'un autre homme, tandis que si la peine
était moins sévère, ils dénonceraient, poursui-
vraient le crime, déposeraient contre lui avec
une entière vérité, et concourraient sans obstacle à sa conviction! La rigueur des peines est
donc une cause réelle de l'impunité des crimes.
Elle est donc aussi par-là une cause de désordre
dans la société, pour laquelle la répression des
crimes est un moyen nécessaire de tranquillité
et de salut.

Le chapitre qui a pour titre *De la peine de
mort,* dans l'immortel ouvrage de *Beccaria,* est
à lui seul un traité complet qui démontre l'inutilité et l'injustice de cette peine. Il y répond à
toutes les objections que l'on pourrait opposer
à sa doctrine, même à celles si puissantes pour
le commun des hommes, que l'on voudrait tirer
de l'habitude ancienne de toutcs les nations.
On aime à proclamer l'autorité d'un tel homme.
Cependant l'expérience déjà longue de la jurisprudence criminelle de la Pensylvanie, tout en
étant le fruit de l'ouvrage de *Beccaria,* rend
aujourd'hui son autorité même superflue, puisque cet État a mis en action la vérité que ce
grand homme n'avait pu qu'établir en principe,
et qu'il en a placé l'évidence à portée de tout le
monde. Un reste de respect mal entendu pour

les préjugés, a laissé subsister encore, dans le code pénal de la Pensylvanie, la peine de mort pour la punition du meurtre au premier degré : la réflexion fera bientôt sans doute effacer cette dernière erreur. Quand il est prouvé que la peine de mort n'arrête point le crime du meurtre, la nation qui l'ordonne ressemble beaucoup aux tribus sauvages, qui n'oublient un meurtre commis sur un des hommes qui leur appartient, qu'en massacrant son meurtrier, ou l'un de ses parens, ou un homme de sa couleur.

Quand la peine de mort est prouvée inutile, et qu'elle peut être avantageusement pour la société remplacée par une autre, elle devient une grande erreur en législation, on peut dire même un crime ; et les nations civilisées doivent s'empresser de l'effacer de leur code pénal.

Il n'est pas possible de douter que cette vérité ne soit entièrement admise par tous les gouvernemens. Les hommes sont toujours, quoi qu'on en veuille dire, bons et humains, quand leurs passions mal dirigées et leur intérêt mal entendu ne les aveuglent pas assez pour les rendre méchans et cruels. Que l'on suppose que l'ambition, l'avidité, l'exclusif intérêt personnel et toutes les funestes passions qui assiégent l'espèce humaine, pussent écarter les gouvernemens de l'exacte observation de leurs devoirs : l'histoire de tous les âges ne nous fournit malheureusement que trop de pareils exemples ; mais on ne peut imaginer aucun intérêt qui les porte, en aucun pays du monde, à ordonner ou à maintenir un code pénal plus rigoureux qu'ils ne le croient nécessaire pour la répression des crimes et pour le bien de la société. Ce ne peut donc être que la seule opinion de la nécessité de la peine de mort et de l'impossibilité d'y suppléer, qui la leur fait encore conserver dans leur code.

Le devoir des gouvernemens est aujourd'hui de s'empresser d'approfondir cette opinion, dont l'examen les conduira à la conviction de la vérité contraire.

L'exemple de la Pensylvanie a montré évidemment, pour cet État, l'inutilité de la peine de mort et le bienfait de sa suppression. Il devait faire la censure sévère de tous les autres États de l'Amérique, qui ne s'empresseraient pas à l'imiter entièrement, parce que tous sont dans une situation semblable, ou à-peu-près pareille de société : mais il n'en est pas de même pour toutes les nations européennes. J'ai assez indiqué ces différences essentielles, et les causes principales de ces différences, dans la première partie de cet écrit, pour qu'il ne soit pas nécessaire de les répéter ici, ou même de donner plus de développement à leur exposé.

Tout convaincu que je suis qu'un tel système peut être établi en Europe sans plus d'inconvéniens et avec les mêmes avantages qu'en Amérique, et que par conséquent son établissement y est un devoir; tout empressé que je suis de voir opérer dans ma patrie cette heureuse révolution, je ne pense pas qu'elle doive y avoir lieu sans les précautions et les préliminaires qui en assurent et qui en fixent le succès.

Il s'agit ici d'un grand bienfait pour l'humanité, du plus grand sans doute qu'elle puisse obtenir, puisque son résultat est d'arracher annuellement à la mort un grand nombre d'hommes, et de faire concourir à l'ordre, à la prospérité de la société, l'existence d'un bien plus grand nombre encore, qui ne sont aujourd'hui pour elle qu'une source toujours renaissante de pauvreté, de corruption et de désordres les plus dangereux. Il ne faut donc pas, par une précipitation inconsidérée, en compromettre le succès; et le gouvernement qui brusquerait la tentative d'une telle institution, mériterait autant le reproche que celui qui se refuserait aux moyens de l'opérer.

Il ne faut pas se dissimuler que le préjugé de

la peine de mort a encore beaucoup de défenseurs, même parmi les hommes les plus justes
et les plus humains.

Ils voient dans cette peine une réparation
publique des grands crimes, nécessaire au bon
ordre. Leur pitié n'est pas intéressée à la conservation d'un scélérat : ils croient que de sa destruction dépend la sûreté de la société. Entre-
tenus dans l'opinion de la nécessité du dernier
supplice par l'usage de tous les temps et de
tous les peuples, ils ne réfléchissent pas que la
crainte de la mort arrête peu les criminels ; que
leur exécution n'est qu'un spectacle pour le
peuple, qui s'y porte en foule, et qui, ne s'y
occupant pas du crime qui est puni, n'y est
frappé que de la contenance du condamné, qui
obtient son intérêt, et en quelque sorte son
admiration ou son mépris, selon qu'il se présente à la mort avec courage ou avec faiblesse.
Ils ne réfléchissent pas que depuis qu'un sentiment éclairé d'humanité a fait proscrire les tour-
mens du supplice, l'effroi salutaire que l'on
pouvait espérer du spectacle horrible d'une
mort douloureuse n'existe plus ; que la destruction du préjugé barbare qui faisait dans l'opinion participer la famille du condamné à la
honte du supplice, concourt encore à diminuer

l'effet de la mort sur l'échafaud. Ils ne croient pas à l'amendement possible du plus grand nombre des criminels; ils n'imaginent pas qu'ils puissent être employés utilement, gardés avec exactitude; et la crainte que, sauvés de la mort, ils ne forcent aisément les prisons, que les portes ne leur en soient même facilement ouvertes, parce que leur nombre s'accroîtrait à l'infini, et que leur entretien deviendrait une charge onéreuse, leur fait encore regarder la peine de mort, pour ces criminels qu'ils jugent corrompus sans ressource, comme un acte de sûreté prévoyante et de sage politique.

Convenons encore que le petit nombre d'hommes plus éclairés, plus réfléchissans, et qui portent le plus ardemment dans leur cœur le vœu de l'abolition de la peine de mort, ont craint que la doctrine de Beccaria, qu'ils chérissaient, ne fût plutôt l'illusion d'une belle âme, qu'un système-pratique applicable à la société. L'exemple de la Pensylvanie doit déjà rassurer ceux-ci; mais la grande masse des préjugés subsiste encore. C'est vers leur destruction qu'il faut diriger les premiers efforts. C'est leur anéantissement qu'il faut appeler à l'aide du grand bienfait de l'abolition totale de cette peine cruelle et inutile.

Il est peu de grandes innovations, même de celles qui doivent produire le plus d'utilité, qui puissent être introduites avec succès, sans être devancées, ou au moins accompagnées par l'opinion publique. Vouloir la violenter, c'est armer contre ces salutaires innovations la vanité, qui, avec l'ignorance, est un des plus formidables appuis des préjugés. Il faut la gagner par la conviction, et alors les succès seront certains.

Sans doute on ne peut trop se presser d'opérer le bien de l'humanité. Mais le retard de quelques années employées avec prudence, et au-delà même de la stricte nécessité, à l'établissement solide de ce bien, peut-il être comparé à une précipitation irréfléchie qui, pouvant être suivie de mauvais résultats, l'éloignerait pour beaucoup plus long-temps, peut-être pour jamais? car l'erreur trouverait alors, pour s'y opposer, le prétexte de l'expérience.

La situation actuelle de la société en France, ainsi que dans beaucoup d'autres États européens, n'est pas d'ailleurs celle où cette précipitation, toujours condamnable, pût être même excusée. Le nombre considérable de grands crimes qui se commettent dans ces pays, si l'on en croit au moins le rapport des papiers publics, ne permet pas d'espérer que l'on puisse trouver, dans la majorité de ces nations, une philosophie assez réfléchie, assez calme pour qu'elle vît sans effroi, et même sans une sorte d'indignation, l'abolition subite et totale de la peine de mort.

Mais c'est précisément parce que les grands crimes sont aujourd'hui, dans nos sociétés, plus atroces et plus multipliés que jamais ; c'est parce que la peine de mort n'en diminue ni le nombre ni l'atrocité ; c'est parce que les criminels n'ont jamais marché au supplice avec plus d'audace ou d'indifférence, qu'il faut s'occuper de substituer à la peine de mort une peine plus efficace.

Ne nous le dissimulons pas : la destruction absolue de toute idée religieuse dans la tête de presque tous les criminels est la cause, sinon unique, au moins principale, de cette insolence si commune aujourd'hui, avec laquelle ils montent à l'échafaud, et qui fait ainsi, des exécutions publiques, une insulte à la loi et un outrage à la société. Et quelle autre cause pourrait-on lui assigner ? Que l'honnête homme, victime d'un jugement inique ou d'une infâme proscription, marche à la mort avec une fermeté noble et sereine ; il en trouve la force dans la pureté de son âme ; sa conscience

est son appui. Sûr et fier de son innocence, il
méprise l'iniquité de ses juges, la tyrannie de
ses persécuteurs, comme il brave le fer de leurs
bourreaux. Mais l'incendiaire, l'assasin, le par-
ricide, peuvent-ils trouver un tel appui dans
leur âme criminelle? Et n'est-il pas évident, au
contraire, qu'étrangers à toute idée de la Divi-
nité, ils s'avancent à l'échafaud avec audace,
parce qu'ils voient dans le néant le seul moyen
d'échapper à l'horreur qu'ils inspirent au reste
des hommes, de mettre fin au malheur, aux agi-
tations, à la terreur, qui, au défaut des remords,
dévorent leur existence, et qui sont heureusement les compagnes inséparables du crime;
parce qu'enfin le néant où va les plonger une
mort peu douloureuse, est pour eux le seul
moyen d'étouffer les cris de leur conscience, le
seul espoir de tranquillité qui leur reste?

Ainsi donc, en ne considérant absolument
que la punition du crime, la mort n'en est pas
une pour cette classe de criminels, aujourd'hui
la plus nombreuse; tandis qu'une détention
longue et rigoureuse serait une peine dont ils
sentiraient amèrement et dont ils redouteraient
la longue sévérité.

J'ai dit dans la première partie, que la mort
des chefs d'une sédition pouvait peut-être

seule briser la trame des complots, et préserver l'État de leurs dangers. Mais cette peine alors est plutôt l'effet d'une considération politique essentielle à la tranquillité de la société, que d'une proportion bien mesurée entre le délit et sa punition; car ne croirait-on pas, par exemple, que la dilapidation des deniers publics, qui, après la sédition, est sans doute un des plus grands crimes politiques, et qui acquiert d'autant plus de gravité, que celui qui s'en rend coupable est revêtu d'une plus grande autorité et d'une plus grande confiance; ne croirait-on pas, dis-je, que ce crime serait moins sévèrement, moins exemplairement puni par la mort, que si, les fruits de ses rapines confisqués et convertis en une institution publique, particulièrement de bienfaisance, il était lui-même condamné à une longue et dure détention, forcé à un travail manuel, et livré plusieurs fois annuellement, dans les premiers temps de son emprisonnement, aux regards du public dont il aurait pillé la fortune, accru les charges par ses exactions, et contribué par son exemple à corrompre la moralité?

La certitude que la société n'a aucun danger à redouter de la conservation des criminels jusqu'ici destinés au supplice, est une première

condition nécessaire, sans laquelle le législateur ne peut se déterminer à prononcer l'abolition de la peine de mort. L'espérance probable de leur amendement et de l'utilité dont
ils peuvent être à la société, quoique condition
moins indispensable, en est une encore d'une
importance essentielle pour hâter en lui cette
détermination.

L'accomplissement de ces deux conditions
dépend absolument de la conduite des prisons
dans lesquelles ces criminels doivent être détenus.

C'est donc l'essai d'un régime de prisons capable de remplir ces deux conditions, qui doit
être le premier pas vers l'abolition de la peine
de mort.

C'est donc aussi cet essai seul qui, dans les circonstances actuelles, peut être tenté en France;
il peut l'être facilement, sans secousse, presque
sans l'intervention nécessaire de la législature;
il ne peut donc éprouver ni contradiction ni
obstacle. Ses succès entraîneront l'opinion publique; ils donneront les moyens de tenter plus
encore, et d'opérer enfin la réforme désirée dans
le Code criminel.

Mais cet essai lui-même doit être fait avec
précaution, avec prudence, avec tous les soins

enfin qui doivent promettre que l'espérance que l'on a droit d'en attendre se réalisera.

On a vu que, même en Pensylvanie, malgré les circonstances favorables où se trouvait cet État pour établir le nouveau système des prisons, il ne l'a pas été sans obstacles; que les succès en sont dus au zèle imperturbable des inspecteurs, à la vigilance exacte, constante et toujours surveillée du gardien et de ses subalternes.

Il n'est pas douteux qu'il ne se trouve en France, plus qu'en aucun pays du monde, des hommes disposés à dévouer leur temps et leurs soins au soulagement, au perfectionnement possible de l'espèce humaine; des hommes pour le cœur de qui l'amour du bien public et celui de leurs semblables sont une religion. Mais encore faut-il qu'ils soient soutenus par l'espoir que leur dévouement opérera le bien auquel ils sont prêts à se consacrer; et peut-être l'évidence avec laquelle je vois le succès du régime des prisons de Philadelphie établi en France, frappe-t-elle encore peu de personnes.

Il paraîtra sans doute que cette importante considération doit rendre très-circonscrits et très-partiels les essais de ce régime, que l'on voudrait y tenter.

Encore une fois, il ne faut pas compromettre leur réussite, qui ne peut manquer qu'autant que ces essais seraient imparfaitement conduits.

Toutes ces réflexions, long-temps pesées, m'ont fait penser que voici quel pourrait être à-peu-près l'ensemble de la marche à suivre, pour obtenir avec plus de certitude l'effet désiré.

Un arrêté du Gouvernement suffit pour ordonner cet essai, puisque l'administration supérieure des prisons, ainsi que toutes les autres branches du Gouvernement, est confiée à ses soins. Son consentement manisfesté au Ministre de l'intérieur, peut même l'autoriser lui seul. Néanmoins l'importance de cette épreuve exige qu'elle soit revêtue de la plus grande solennité; il serait donc préférable que, sur un message du Gouvernement, le corps législatif rendît une loi qui l'ordonnât, et qui en prescrivît les principales dispositions réglementaires.

Les inspecteurs, au nombre de dix ou douze, devraient être nommés par le Gouvernement; mais comme cet office exigerait qu'ils fissent un sacrifice presque entier de leur temps, qu'ils se dévouassent à une vie laborieuse et pénible, à une continuité de soins, d'exactitude, de vigilance et d'activité qui ne conviennent pas à tous les hommes, et auxquels tous les hommes ne sont pas propres ; comme ils ne recevraient aucun salaire, il semble que ceux qui consentiraient à consacrer leurs facultés et leur temps à un emploi aussi honorable, devraient se faire connaître au Gouvernement, qui, parmi les plus capables, choisirait encore ceux qui, par la moralité de leur vie précédente, appelleraient davantage le respect et la confiance de leurs concitoyens. —— Ils devraient être nommés quelque temps avant le rassemblement des prisonniers, afin que, de concert avec le Ministre de l'intérieur, ils pussent s'occuper des arrangemens convenables du local destiné à cette prison, des choix du gardien de la maison et de ses subalternes, et des approvisionnemens nécessaires pour la subsistance et le travail des prisonniers.

Le gardien de cette maison devrait lui-même être un homme reconnu probe, intègre, moins dépourvu d'éducation et même d'instruction que ne le sont communément les préposés à la garde des prisons. Le titre de gardien, de directeur ou d'agent des prisons, devrait être le sien, et non plus celui de geôlier ou de concierge, L'influence des noms est plus grande que souvent on ne le pense, tant pour la considération à obtenir des autres, que pour celle que l'on se porte à soi-même, et qui devient elle-même une espèce de conscience. La confiance que les inspecteurs lui témoigneront, les égards avec lesquels il en sera traité, concourront encore à lui donner cette considération si nécessaire. Il devrait recevoir de bons appointemens qui pussent le faire vivre avec aisance, et le mettre au-dessus de la tentation. Les employés subalternes doivent être aussi des hommes d'un caractère honnête, doux et ferme, et incapables de s'écarter de la ligne de conduite qui leur serait tracée.

L'emplacement destiné à cette prison doit être vaste, isolé, s'il se peut, de tout autre bâtiment, rendu d'une grande sûreté, et arrangé de manière que le plus grand nombre de ses points puissent être aperçus à-la-fois, pour que la surveillance en soit plus facile. Il doit être choisi dans Paris même, parce que l'assistance y sera plus immédiatement apportée contre les désordres qui pourraient s'y commettre, et dont, malgré les soins qui doivent les prévenir, il ne faut jamais perdre de vue la possibilité.

Les cellules solitaires, placées dans un bâtiment isolé, doivent être elles-mêmes séparées

les unes des autres, de manière que les prisonniers qui y seront renfermés, ne puissent pas
converser entre eux. Ce soin n'est pas aussi exactement pris dans les prisons de Philadelphie, où,
comme on l'a vu, les cellules, fermées seulement par deux grilles de fer, donnent sur le
même corridor, et laissent ainsi aux prisonniers
la facilité de s'entendre. Il n'est arrivé aucun
inconvénient de ce rapprochement ; mais on
sent qu'il peut en résulter, et il faut les prévoir :
d'ailleurs une grande partie de l'effet que l'on
a droit d'attendre de la séparation absolue du
prisonnier de tout être vivant, doit être perdue
par ce rapprochement. Peut-être ne serait il pas
sans une grande utilité que les murs de ces
lieux de recueillement fussent chargés de quelques sentences, à-la-fois sévères et consolantes,
appropriées à la situation d'un criminel que
l'on veut ramener à l'amendement, et à qui l'on
ne veut pas refuser l'espérance d'un meilleur
sort s'il s'en montre digne. Des sentences pa-
reilles devraient aussi se lire sur les murailles
de la cour, sur celles des ateliers de travail, des
dortoirs, sur toutes celles enfin de la prison (1).

---

(1) « Autrefois les Chinois avaient la coutume de
» peindre sur les murs de leurs maisons les images de

Le nombre de condamnés à rassembler dans cette maison d'essai ne devrait pas excéder trois cents : encore serait-il peut-être plus sage de ne pas les réunir tous à-la-fois dans le commencement de l'établissement. Ils devraient alors être choisis parmi les criminels de tous les âges, condamnés par jugement à la détention pour un temps plus ou moins long, et pour toute espèce de crime. On trouverait prudent sans doute de n'en pas choisir une très-grande proportion parmi les criminels les plus invétérés, comme aussi ils ne devraient pas être pris tous parmi les moins coupables et les plus jeunes. Il s'agit de faire un essai vraiment loyal; et si la prudence exige que les obstacles les plus difficiles n'y soient pas accumulés, la confiance publique ne pourrait pas être acquise s'ils en étaient tous écartés. On devrait prendre, dans la suite, les condamnés dès le moment où leur sentence serait prononcée, et sans les laisser conduire dans d'autres lieux de détention.

» plusieurs divinités. Depuis, Confucius en effaça peu-
» à-peu ces magots, et on leur substitua de sages conseils,
» des pensées sublimes; cet usage subsiste encore à la
» Chine, et n'a pas peu contribué à faire des Chinois un
» peuple raisonnable. » (*Saint - Lambert, Catéchisme universel*)

6 *

Quant à l'administration intérieure de la prison, tant pour l'ordre, la sagesse, la prévoyance dans ses dépenses, la pureté, l'exactitude et la publicité de sa comptabilité, que pour la conduite des détenus, les principes sur lesquels est établie celle de la prison de Philadelphie sont tellement fondés sur la justice, la raison, la connaissance des hommes; ils forment tellement un ensemble, ils sont tellement calculés pour l'avantage de la société; leur pratique a produit des résultats si heureux, que sans doute les inspecteurs de la prison d'essai croiront sage de ne s'en pas écarter, au moins dans les points vraiment essentiels. Ils penseront peut-être que des précautions plus sévères de sûreté devraient être prises, sur-tout dans les premières années; que la proportion des employés devrait être plus grande qu'elle ne l'est en Amérique; les ateliers plus divisés, les outils plus exactement retirés, et enfermés chaque soir; peut-être trouveront-ils convenable d'adopter le soin observé dans les maisons de force en Hollande, pour rendre les complots plus difficiles, celui de ne pas laisser long-temps les mêmes prisonniers coucher dans les mêmes dortoirs, et de changer souvent la composition des chambrées. Leurs observations, leur prudence, les guideront pour cés légers changemens. Il serait peut - être à propos aussi qu'un corps-de-garde nombreux fût établi à l'extérieur de la prison, et près de ses murs, afin qu'une grande force fût toujours prête à arrêter un grand désordre. Mais jamais cette troupe armée ne devrait être introduite dans l'intérieur, si elle n'y était appelée par le gardien : aucun des officiers ou soldats ne devrait avoir la faculté d'y entrer individuellement, que par la permission expresse des inspecteurs. La force armée serait un moyen prévu de sûreté; mais elle n'en doit pas être un de police ordinaire, pour laquelle il ne doit en être employé d'autres que ceux de sévérité exacte et soutenue, de justice, de bonté, de vigilance active et de travail. En tout, les permissions d'entrer dans l'intérieur de la prison ne peuvent pas se donner trop rarement. Ces visites sont, pour le prisonnier, un sujet de distraction, non-seulement de son travail, mais aussi du calme et de l'uniformité constante de vie, qui sont avec raison regardés comme une partie essentielle du régime dont on attend son amélioration; elles peuvent d'ailleurs être pour lui un sujet d'humiliation dont il doit être préservé quand il n'en peut résulter aucun avantage; enfin, ces visites sont une source d'abus dont on ne peut trop soigneusement écarter d'eux les moyens (1).

On se plaint généralement de la difficulté de

(1) Je dirai, à cette occasion, que la manière dont sont exposés, en France, les criminels pour qui l'exposition est une partie de la peine prononcée, semble n'être pas conforme à l'esprit de la loi, qui a voulu faire une peine de l'exposition. Un criminel sentencié est un homme que son crime prouvé a mis sous la main unique de la justice, et qui ne doit plus avoir de communication avec la société, jusqu'à ce que la durée de la peine à laquelle il a été condamné lui donne le droit d'y rentrer : voilà l'esprit de toute peine à terme. L'intention particulière de la peine de l'exposition est de procurer une réparation publique du délit puni, et de provoquer dans le condamné une honte salutaire qui l'amène au repentir. Ces effets sont manqués quand, comme à présent, le condamné, assis commodément sur une chaise placée sur une table peu élevée, et à peine séparée du public, peut converser avec tout ce qui l'entoure : l'effet que l'on pouvait espérer de cette exposition, pour les spectateurs, est aussi perdu. Cette facilité de communication avec le condamné puni est encore une violation du respect dû à la loi, et dont on ne peut trop faire accompagner son exécution. — On me pardonnera cette digression qui tient de près à mon sujet, puisque les condamnés à l'exposition le sont toujours à une détention plus ou moins longue, et que la conduite à laquelle ils devront être soumis dans les prisons, ayant leur amendement pour objet, il est important que le premier moment de leur punition y concoure comme tous les autres.

trouver du travail pour les prisonniers détenus dans les maisons de répression, et sur-tout d'en trouver un assez productif pour fournir à leur entretien. Je ne sais si cette difficulté est réellement aussi grande qu'on le suppose; elle peut exister d'ailleurs dans les maisons de répression actuelles, qui n'ont été jusqu'ici que des dépôts de mendicité, parce que, 1º. les mendians n'y sont enfermés que pour un temps incertain, et ordinairement très-court; 2º. parce que le mendiant est, par sa nature, un homme sans industrie, sans profession, accoutumé à une vie habituelle de vagabondage et de fainéantise; 3º. parce qu'ainsi il faut lui trouver un travail facile, par conséquent grossier, et commun à tous les autres détenus de son espèce. Il n'en est pas de même des prisonniers condamnés pour crime, et dont la sentence ordonne un temps fixe de détention, et toujours d'une certaine durée. Beaucoup de ces hommes appartenaient précédemment à une profession dont ils peuvent exercer le travail dans la prison. Devant y passer un temps toujours assez long, ils peuvent même être formés à quelque genre d'industrie, et leur intérêt, stimulant leur activité, hâtera nécessairement leurs progrès. Des ateliers d'ouvrages différens peuvent et doivent être établis dans les prisons; un travail plus grossier peut être donné aux plus faibles et aux moins habiles; enfin, on peut suppléer par la mécanique à l'inaptitude des plus maladroits. J'ai vu à Londres des machines dont le capitaine *Bentham* était l'inventeur, et qu'il avait imaginées et fait exécuter pour fournir des moyens de travail aux prisonniers qui seraient détenus dans une maison de répression, dont *Jeremiah Bentham* son frère, auteur de plusieurs ouvrages estimables, et particulièrement d'un Traité lumineux sur la jurisprudence criminelle, avait proposé l'établissement au gouvernement anglais, sous le nom de *Panopticon*. Chaque machine était mise en activité par une roue qui était mue par un, deux ou trois hommes, selon leur force et la nature de l'ouvrage. Les unes équarrissaient les poutres, les sciaient en planches d'épaisseur désirée, les rabotaient et les polissaient; d'autres fendaient ces planches en tringles, y faisaient des moulures, etc.; d'autres, un peu plus compliquées, donnaient aux morceaux de bois qu'elles coupaient, un degré de courbure qui les rendait propres à la construction des chaises, des tables, des meubles de toute espèce. Les jantes, les raies, les moyeux des roues sortaient de ces machines aussi achevés que de la main d'un bon ouvrier; elles faisaient les rainures, les mortaises, les chevilles avec une entière précision. Le capitaine *Bentham* se proposait d'en faire d'autres pour les ouvrages en fer. Il en espérait le même succès; et un seul ouvrier de dehors, un peu habile, devait suffire pour l'entretien journalier de toutes ces machines, qui pouvaient employer beaucoup d'hommes maladroits à un travail très-profitable. De semblables inventions ne seront pas difficiles au génie actif de nos mécaniciens; mais je pense que, même sans leur introduction, il n'est pas impossible d'employer les prisonniers à des travaux assez productifs pour que leur entretien ne soit pas une charge publique. Il ne faut pas s'attendre à un tel résultat dans les premières années; mais l'intelligence, les soins, la persévérance des inspecteurs, ne pourront manquer d'y parvenir.

La seule loi nécessaire à obtenir du corps législatif, serait celle qui autoriserait le Gouvernement à abréger le temps de détention prononcé par la sentence, pour les prisonniers à l'amendement desquels la bonne conduite, l'assiduité

6 * *

au travail , etc. , etc. , donneraient droit de croire. Cette autorisation, bornée aux prisonniers détenus dans cette maison d'essai, ne serait qu'une légère exception à l'article de la jurisprudence française actuelle , qui interdit la rémission de toutes les peines ; mais cette exception est indispensable(1). Ce serait mal connaître les hommes, que de se flatter de la possibilité de l'amendement de celui dont l'âme serait fermée à toute espérance d'un meilleur sort, à tout avantage personnel de cet amendement ; et ce serait aussi mal servir la société, que de l'empêcher de profiter des bénéfices directs et indirects qui résultent pour elle de l'amendement d'un coupable. Les inspecteurs qui pourraient seuls juger de la convenance de ces grâces , devraient en être les pétitionnaires auprès du Gouvernement. On peut en rendre l'obtention difficile, la soumettre à des formes, à des épreuves, à des examens préalables ; mais il ne faut pas qu'elle reste impossible. On doit d'ailleurs se fier à la sagesse des inspecteurs, qui n'obtiendraient pas le fruit qu'ils attendront de leurs soins, si le sentiment de la pitié, d'une bienveillance irréfléchie, si aucun autre senti-

______

(1) La loi est devenue inutile , le droit de faire grâce étant de prérogative royale.

ment enfin que celui de la justice et du respect pour l'intérêt de la société les influençait dans leurs sollicitations.

On sentira sans doute que les inspecteurs, choisis pour leur moralité, leur dévouement à la cause de l'humanité, pour être chargés de ces importantes fonctions, doivent être revêtus de la plus entière confiance. Ils sont l'âme de cet essai ; c'est à leurs soins, à leur zèle, c'est à leur constance qu'en sera dû le succès: tous les moyens doivent leur en être fournis. Il semble encore qu'ils doivent être environnés de toute la considération que le Gouvernement peut leur donner. Les témoignages extérieurs ne sont pas nécessaires à l'amour-propre de l'homme vertueux, qui ne peut être déterminé à entreprendre une tâche aussi pénible et aussi méritoire, que par un amour réel pour la patrie et pour l'humanité ; il trouve dans sa conscience, dans la satisfaction profonde que lui donne la certitude du service essentiel qu'il rend à la société, la récompense qui lui suffit, et qui le met au-dessus de toutes les autres; mais il est nécessaire à la société de les lui donner.

Il semblerait utile qu'un comité de chacun des deux conseils visitât cet établissement deux à trois fois chaque année, dans tous les détails de son administration économique et de police, et qu'il en rendît compte au corps législatif; que des visites plus rapprochées y fussent faites par les ministres de la justice et de l'intérieur, qui en rendraient compte au Gouvernement : enfin, le Gouvernement croirait-il peut-être aussi que la visite d'un de ses membres annuellement faite, étant un témoignage authentique de l'importance attachée à cet établissement, n'y pourrait être que d'un grand avantage?

Ici je termine la courte esquisse que je me suis permis d'indiquer de la marche qui pourrait être suivie pour l'établissement de cette prison d'essai. — L'exposé de ces idées m'a paru propre à convaincre plus encore de la facilité de cette institution, de la grande probabilité, j'oserais même dire de la certitude entière de ses succès, et par conséquent à en hâter l'exécution. Cet établissement est la pierre angulaire de la réforme si désirable de la peine de mort dans le Code criminel : il est le premier pas nécessaire dans un nouveau système de punition des crimes et de traitement des prisonniers; dans cet heureux système qui, devant opérer l'amendement des criminels et des vicieux, intéresse si essentiellement l'ordre et le bonheur de la société.

Enfin, comme le dit le juge de paix Colqhoun (1), *il faut penser que les criminels, même les plus atroces, même les plus invétérés, du danger desquels la loi doit préserver la société, que l'on regarde, avec tant de raison, comme la portion la plus dégradée de l'espèce humaine, ont aussi été innocens;* que la suite des crimes dont ils se sont souillés est due en grande partie à des lois mauvaises, ou à une législation imparfaite qui n'a pas assez réprimé leurs premiers écarts, ou qui les a punis avec une trop grande rigueur, ou à un trop long séjour dans des prisons mal conduites, qui les a corrompus davantage; enfin, et plus qu'à toute autre cause, à un manque absolu d'éducation; et alors, tout en abhorrant leurs crimes, tout en appelant leur punition, on sentira encore de la pitié pour ces malheureux individus; et alors aussi un sentiment de justice envers eux se joindra à la considération puissante de l'intérêt de la société, pour déterminer à la poursuite des moyens d'opérer leur amendement.

Dira-t-on que le moment où la France, toujours agitée par les secousses d'une grande révolution, a encore à soutenir une guerre exté-

---

(1) Traité de la police de Londres.

rieure contre des ennemis nombreux et puissans, n'est pas une époque où l'on puisse s'occuper de l'essai dont il est ici question? Mais ne pourra-t-on pas dire plutôt que le moment où la société est en proie à un plus grand nombre de calamités, est celui où il est le plus nécessaire et le plus urgent de répandre sur elle les biens de toute espèce, généraux ou partiels, qu'il est possible de lui procurer? L'époque où la morale se relâche n'est-elle pas celle encore où il faut employer plus de moyens pour la raffermir? Et ceux qui croiraient que, pour y travailler, on doit attendre que les causes d'agitation et de désordre soient moins multipliées, ne seraient-ils pas dans une erreur aussi réelle et plus dangereuse encore que ceux qui voudraient remettre à la paix le travail, les soins, les opérations qui pourraient rétablir l'ordre et amener le crédit dans les finances d'une nation qui se trouverait en guerre? D'ailleurs cet essai, tout important qu'il est, n'exige, pour être ordonné, ni une longue occupation, ni des soins considérables, ni même une grande dépense du Gouvernement : d'ailleurs encore, l'expérience de plusieurs années dans ce premier établissement est nécessaire pour donner la confiance de l'étendre davantage, de le répéter dans différens départemens ; et les succès de ces nouveaux essais seront eux-mêmes indispensables pour déterminer la réforme dans le Code criminel. Ainsi, tout délai mis à ce premier pas dans cette carrière nécessaire à parcourir, recule d'autant l'époque toujours éloignée où la France pourra avec confiance accomplir le vœu qu'elle a prononcé dans sa jurisprudence criminelle, d'abolir la peine de mort.

Puisse le Gouvernement français être pénétré de l'importance de cet essai ! L'ordre de son exécution sera promptement donné. Cette détermination l'honorera, autant que les succès dont elle sera suivie lui donneront de véritable satisfaction. Les noms des législateurs et des administrateurs qui, les premiers, auront prouvé à l'Europe, par l'expérience, la possibilité et l'utilité de l'abolition de la peine de mort, passeront à la postérité, non pas seulement comme ceux des bienfaiteurs de leur patrie, mais comme ceux des bienfaiteurs de toute l'espèce humaine. Ils y rappelleront l'idée d'un grand nombre de malheureux arrachés aux supplices dans tous les pays et dans tous les siècles, pour devenir des membres utiles de la société. Quelle œuvre de sagesse, de morale, de politique et de bienfaisance pourra jamais espérer d'obtenir une plus glorieuse récompense (1)!

Il est quelques Etats en Europe où les passions moins exaltées, faisant commettre moins de crimes, l'abolition de la peine de mort et le nouveau régime des prisons qui en est le moyen, pourraient avoir lieu avec autant de sûreté, sans des essais graduels aussi prolongés, qu'ils seraient peut-être jugés nécessaires en France, en Angleterre, en Italie, etc. De ce nombre sont le Danemarck, une partie de l'Allemagne et la Hollande. Soit qu'on veuille attribuer la différence dans la manière d'être de ces peuples, à l'influence du climat ou à toute autre cause, il est certain que les caractères y sont plus calmes, les passions moins bouillantes, les mœurs plus tranquilles, plus généralement sages. En Hol-

---

(1) « Et si cette vérité, que tant d'obstacles éloignent
» des princes, peut parvenir jusqu'à eux, qu'ils sachent
» qu'elle y arrive avec les vœux secrets de tous les
» hommes. Que le souverain qui l'accueillera sache que
» sa gloire effacera celle des conquérans, et que l'équi-
» table postérité placera ses pacifiques trophées au-dessus
» de ceux des Titus, des Antonins et des Trajans. »
(BECCARIA, chap. *de la Peine de Mort.*)

lande, par exemple, ni le commerce vaste et prospère qui a si long-temps enrichi ses provinces, et qui, dans tous les pays du monde, apporte avec les richesses un germe presque inévitable de corruption; ni l'immigration d'un grand nombre d'étrangers arrivés de toutes les parties de l'Europe, et qui forment une grande portion de ses habitans; ni les révolutions successives auxquelles ce pays a été si fréquemment livré, n'ont changé les mœurs, n'ont altéré les caractères. Les crimes n'y sont pas fréquens, les crimes atroces y sont presque inconnus; et le peuple hollandais semble encore aujourd'hui aussi attaché à la conservation de sa moralité, qu'au maintien de ses autres anciennes habitudes. La Hollande est donc disposée à recevoir sans danger le bienfait de l'abolition totale de la peine de mort. Le moment y est favorable, puisque la législature s'occupe aujourd'hui de la révision de la jurisprudence criminelle. La *question*, trop long-temps conservée sans doute dans ce pays, y est enfin abolie. La sagesse, l'humanité, la justice de la législature, ne se borneront pas à cette réforme salutaire : elle examinera soigneusement la question de la peine de mort; ella se pénétrera de la nécessité de provoquer et d'as-

surer l'amendement des criminels condamnés ; elle examinera si la peine de la *marque*
ne leur impose pas presque inévitablement la
nécessité d'une mauvaise conduite pour le
reste de leur vie, puisqu'elle imprime sur eux
un signe durable de flétrissure qui leur rend
à jamais présent le souvenir de leurs crimes,
qu'il faudrait s'efforcer au contraire de leur
faire oublier; car c'est le seul moyen de leur
persuader que la société en a perdu la mémoire;
elle examinera si le régime actuel des maisons
de force hollandaises opère, s'il peut même opérer une amélioration dans les mœurs, dans les
habitudes des prisonniers, et elle trouvera dans
la persévérance infatigable, dans le calme courageux et inaltérable qui forment les traits principaux du caractère hollandais, les moyens
certains d'assurer les succès d'une institution
pareille à celle des prisons de Philadelphie.

Encore une fois, je suis convaincu qu'il n'est
aucun État en Europe, dans quelque situation
que s'y trouve la société, où l'abolition de la
peine de mort ne puisse être prononcée, après
des soins préparatoires plus ou moins longs,
qu'ainsi il n'en est aucun où ces soins préparatoires ne soient un devoir pour les gouvernemens ; mais je crois pouvoir assurer que

RELEVÉ GÉNÉRAL de l'état des comptes du travail fait par chaque *convict*, dans chacun de ceux auxquels il est employé dans la prison de la ville et comté de Philadelphie, pour trois quartiers successifs, commençant au 31 octobre 1795, avec le montant de la valeur des provisions, habillemens, etc., qui leur ont été fournis pendant les trois mêmes quartiers, pris sur les rapports faits par le commis de la prison, aux bureaux des inspecteurs, les 1er. février, 1er. mai, 1er. août 1796, à la fin de chacun de ces quartiers, comme il est d'usage dans cette prison.

N°. I.

Pour le quartier commençant au 31 octobre 1795, et finissant au 31 janvier 1796.

Dû par les *convicts* en masse.	Dlrs.	Cts.
Pour nourriture, logement, salaires du geôler, de ses assistans, de tous les employés, mémoires du médecin, serrurier et autres	1718	71
— Souliers à eux fournis . .	57	56
— Habillement	147	45
	1925	73 ½

Avoir des *convicts* en masse.	Dlrs	Cts
Pour travail fait à la manufacture des clous	335	55
— Sciage du marbre	504	48
— Plâtre de Paris broyé . .	185	73
— Façon de souliers . . .	48	25
— Travail des menuisiers .	126	40
— Celui des tisserands . .	100	36
— Filature	120	21
— Les cuisiniers, barbiers, tailleurs, balayeurs, et pour blanchiment de la maison	171	77
— Le bois de cèdre mis en copeaux	57	50
— Le nettoiement de l'étoupe	56	93
— Sciage des pierres . . .	277	43
	1962	52

N. II.

Pour le quartier commençant au 1er. février, et finissant au 1er. mai 1796.

Dû par les *convicts* en masse.	Dlrs	Cts
Pour nourriture, logement, salaires du geôler, de ses assistans, de tous les employés, mémoires du médecin, serrurier et autres	1478	49
— Habillement	256	79
— Souliers à eux fournis .	77	83
	1811	13

Avoir des *convicts* en masse.	Dlrs	Cts
Pour travail fait à la manufacture des clous	547	74
— Sciage du marbre	1050	44
— Plâtre de Paris broyé . .	111	83
— Façon de souliers . . .	94	29
— Travail des tisserands .	127	66
— Filature	115	89
— Les cuisiniers, barbiers, tailleurs, balayeurs, et pour blanchiment de la maison	119	60
— Le bois de cèdre mis en copeaux	20	8
— Le nettoiement de l'étoupe	58	93
— Travail des menuisiers .	44	40
	2263	38

N. III.

Pour le quartier commençant au 1er. mai, et finissant au 1er. août 1796.

Dû par les *convicts* en masse.	Dlrs	Cts
Pour nourriture, logement, salaires du geôler, de ses assistans, de tous les employés, mémoires du médecin, serrurier et autres	1719	66
— Souliers à eux fournis .	84	50
— Habillement	180	26
	1984	42

Avoir des *convicts* en masse.	Dlrs	Cts
Pour travail fait à la manufacture des clous	292	29
— Sciage du marbre . . .	1186	41
— Façon de souliers . . .	87	46
— Travail dans les nouveaux bâtimens . . .	182	16
— Les tailleurs, tisserands et filature . . .	509	39
— Les cuisiniers, barbiers, balayeurs, et pour le blanchiment de la maison . . .	178	15
— Travail des menuisiers .	53	59
— Le bois de cèdre mis en copeaux	30	86
— Le nettoiement de l'étoupe	21	55
	2521	44

OBSERVATIONS SUR LES TROIS ÉTATS CI-DESSUS.

Il paraîtra extraordinaire au premier coup d'œil, que le compte N°. III du dernier quartier présente une balance moins favorable en faveur des *convicts*, que le quartier précédent. Cette différence s'explique, 1°. parce que c'est dans les premiers jours du mois de mai 1796, que les travaux des nouveaux bâtimens ajoutés à la prison ont commencé; alors l'ancienne boutique de la clouterie a été abattue, et jusqu'à ce qu'elle ait été reconstruite, ce genre de travail n'a pas eu lieu, et il est le plus productif. 2°. La cour étant encombrée de matériaux pour les nouvelles constructions, le travail du sciage du marbre n'a pas été autant poussé qu'il l'aurait été sans cet obstacle. Cette cour étant souvent ouverte pour l'introduction des matériaux, les *convicts* pouvaient pas y être laissés aussi long-temps. 3°. l'été étant la saison où les maladies sont les plus fréquentes, la diminution du travail a eu aussi cette cause, et le mémoire du médecin a été plus considérable. Le lecteur ne doit pas oublier que les mémoires du médecin ne sont payés que par ceux des *convicts* qui ont été malades, et que le relevé ci-dessus est celui de la prison en général, c'est-à-dire, de la situation des prisonniers pris collectivement; ainsi, quand la balance générale est moins favorable à l'ensemble des *convicts*, il ne s'ensuit pas que la situation du profit de chaque individu le soit en même raison, puisque les comptes de chacun sont tenus séparément, comme on l'a expliqué. Il est donc des prisonniers qui, dans telle circonstance, et particulièrement à leur entrée, doivent à la prison, tandis que d'autres ont des profits plus ou moins considérables dans leurs masses. Les avances de la prison se recouvrent d'abord par le travail des prisonniers endettés, jusqu'à ce qu'ils soient libérés; d'ailleurs la somme qui leur est retenue par jour pour leur nourriture, excède la véritable dépense faite à cet effet, et qui se règle tous les mois. L'excédant est divisé en deux parties, dont l'une entre dans la caisse de la prison comme revenu, et dont l'autre est compté au *convict* comme sa propriété.

Les autres revenus de la prison sont les grands travaux qui y sont établis. Non-seulement les inspecteurs sont les magistrats de la prison, et s'occupent de donner de l'emploi aux prisonniers, mais ils sont aussi entrepreneurs pour le compte de la prison. Pour la manufacture des clous, ils achètent le fer, et font marché avec les débitans de la ville, pour leur vendre les clous. L'ouvrier *convict* reçoit en raison de son travail de 60 cents, à un dollard, et le profit fait sur la vente, déduction faite des gages du prisonnier et de l'achat des matières premières, entre dans la caisse de la prison. On peut estimer cette branche de revenu à environ 4000 dollars, les ouvriers payés. Il en est de même des autres articles de travail, dont cependant les inspecteurs n'achètent pas toujours les matières premières, mais sur lesquelles la prison a le profit qu'aurait dans la ville un entrepreneur qui ferait faire les mêmes ouvrages par des ouvriers libres. Le travail ne manque pas dans la prison, et il serait aisé de s'en procurer pour un nombre deux ou trois fois plus grand de prisonniers, que le nombre actuel.

De tous ces moyens, il résulte que la prison est entièrement défrayée de la dépense qu'elle occasionne; qu'elle est plutôt un objet de revenu qu'une dépense pour l'État, et que l'ouvrier *convict* gagne le même salaire qu'il recevrait s'il travaillait en liberté.

dans aucun les obstacles ne seront moins nombreux qu'en Hollande, et qu'ils peuvent être ailleurs plus facilement et plus promptement écartés.

On y pardonnera à un étranger d'hasarder cette assertion; et quand il ose exprimer ses vœux sur cette importante réforme dans la jurisprudence criminelle batave, on ne s'y méprendra pas sans doute sur ses intentions.

BIBLIOTHÈQUE ROYALE

www.ingramcontent.com/pod-product-compliance
Lightning Source LLC
LaVergne TN
LVHW021838170726
843503LV00003B/979